Die Federal Reserve-Verschwörung

von Antony C. Sutton

Ins Deutsche übersetzt und herausgegeben
von Axel B.C. Krauss

Antony C. Sutton

DIE FEDERAL RESERVE-VERSCHWÖRUNG

Impressum

Bibliografische Information der Deutschen Nationalbibliothek:
Die Deutsche Nationalbibliothek verzeichnet diese Publikation in der
Deutschen Nationalbibliografie; detaillierte bibliografische Daten sind
im Internet über http://dnb.dnb.de abrufbar.

Lektorat: Axel B.C. Krauss
Korrektorat: Axel B.C. Krauss

Herstellung und Verlag: BoD – Books on Demand, Norderstedt

ISBN: 978-3-7504-3072-3

Inhaltsverzeichnis

Über den Autor

Antony C. Sutton, D.Sc. wurde 1925 in England geboren, verbrachte die meiste Zeit seines Lebens in den Vereinigten Staaten und war dort 40 Jahre Bürger.

Mit einem akademischen Hintergrund in Ökonomie und Ingenieurswissenschaften arbeitete Sutton im Minen-Bergbau sowie der Eisen- und Stahlindustrie, bevor er an der UCLA graduierte. In den 1960er Jahren war er Professor für Ökonomie an der California State University in Los AngelesThom, gefolgt von sieben Jahren als Forschungsstipendiat an der Universität Stanford.

Während seiner Zeit am Hoover-Institut in Stanford schrieb Sutton das dreibändige Standardwerk über sowjetische Technologie, ***Western Technology and Soviet Economic Development*** (das nach nunmehr 25 Jahren immer noch gedruckt wird). Diesem folgte ***National Suicide: Military Aid to the Soviet Union*** (Arlington House), in dem das Establishment beschuldigt wurde, Amerikaner in Vietnam mit unserer eigenen Technologie zu töten. Unter Druck des Weißen Hauses machte das Hoover Institut aus Sutton willkürlich eine "Persona Non Grata", indem es ihm das Stipendium entzog.

Verwundert über die mächtigen Kräfte hinter diesem Angriff, unternahm er weitere Forschungen und schrieb drei weitere Bände über die finanzielle und politische Unterstützung, die drei Varianten des Sozialismus von Wall Street-Bankern gegeben wurde. Diese wurden veröffentlicht als ***Wall Street and the Bolshevik Revolution***, ***Wall Street und der Aufstieg Hitlers*** sowie ***Wall Street und FDR*** (alle in den 1970er Jahren).

Nachdem er Stanford verließ, gab Sutton den ***Phoenix Letter*** heraus, einen monatlichen Newsletter über Machtmißbrauch (der heute noch publiziert wird) und begann 1990 einen weiteren, ***Future Technology Intelligence Report***, der unterdrückte Technologie abhandelt.

In seiner Philosophie ein überzeugter Verfassungsrechtler, gibt der Autor seiner Verachtung für die Ursurpation von Macht durch Washington Ausdruck ... aber immer basierend auf den Fakten.

Kapitel 1:

DIE BANK DER BANKER

Seit 1913 haben Politiker und die Presse die Federal Reserve Bank behandelt wie eine Art unberührbare Quasi-Gottheit ... niemand außer zertifizierten Verrückten und Bekloppten kritisiert die Fed. Die gängige Meinung diktiert, daß *jeder*, der das Federal Reserve-System angreift, auf verlorenem Posten steht und eine Untersuchung der Fed durch den Kongress in wirtschaftliches Chaos und einen desaströsen Absturz des Aktienmarktes münden würde.

Unlängst gelangte - ernannt von Präsident Clinton - Alan Blinder auf einen der Sitze des Direktorengremiums, das aus sieben Mitgliedern besteht. Blinder übte sich in Kritik der Handlungen der Fed, z.B. monierte er, die Zinsraten seien zu hoch, auch wich er von der Politik ab, die vom Vorsitzenden Alan Greenspan festgelegt wurde.

Der arme Blinder wurde von der Establishment-Presse überrumpelt und erhielt zweifellos den Rat, den Mund zu halten, denn seit seiner anfänglichen Rede sagte er wiederholt, es gäbe keine Differenzen zwischen ihm und dem Vorsitzenden Greenspan und weigert sich, über dieses merkwürdige Mea Culpa hinaus zu gehen.

Es gibt ein gewaltiges Mißverständnis, was die Fed betrifft. Der Präsident und der Kongress haben sehr geringen Einfluß auf die Politik der Zentralbank - wenn überhaupt irgendwelchen. Der Kongreß trat im Jahre 1913 sämtliche monetäre Macht an die Fed ab. Die Fed ist *eine private* Bank, die Banken gehört, und zahlt Dividenden auf ihre Anteile, die nur von Banken gehalten werden. Die Fed ist eine private Bank der Banker.

Und doch ist Fed-Politik, nicht *Regierungs*-Politik, der dominante Faktor für das Wirtschaftswachstum. Die Fed kann Arbeitsplätze durch Kreditlockerung schaffen. Die Regierung spricht viel über die Schaffung von Jobs, kann tatsächlich aber nur Bürokratien erschaffen, die Unternehmergeist eher einschränken als fördern. Der Privatsektor schafft produktive Jobs, und um dies zu tun, ist er sehr stark von Fed-Politik abhängig.

Der Kongreß hat die Fed niemals einer Prüfung unterzogen und wird dies höchstwahrscheinlich auch nicht tun. Niemand bekommt Fed-Bücher zu Gesicht; es gibt keine Buchprüfung. Bilanzen werden nicht herausgegeben. Niemand, *wirklich niemand* kritisiert jemals die Fed, ohne unterzugehen.

Warum all die Geheimhaltung und Vorsicht? Einfach deshalb, weil die Fed ein *gesetzliches Geldmonopol* inne hat, das ihr vom Kongreß im Jahre 1913 durch

Vorgehensweisen gewähr wurde, die verfassungswidrig und betrügerisch waren. Der größte Teil des Kongresses besaß keine Kenntnis des Federal Reserve-Gesetzesentwurfes, der von Präsident Woodrow Wilson unterzeichnet wurde - und der der Wall Street etwas schuldig war.

Die Federal Reserve hat die Macht, Geld zu schaffen. Dieses Geld ist eine Fiktion, geschaffen aus dem Nichts. Es kann sich dabei um Kredit handeln, der durch den Rediskontsatz geschaffen wird, zu dem andere Banken sich zum Diskont-Zinssatz Geld leihen, oder um Papiere, die vom Schatzamt gedruckt und an die Fed verkauft werden, bezahlt mit Geldmitteln, die von der Fed erzeugt wurden.

Kurz, diese private Gruppe von Bankern verfügt über ein Monopol zum Gelddrucken. Dieses Monopol wird von niemandem überwacht und bringt garantierten Profit. Ferner muß das Monopol nicht Rede und Antwort stehen, Bücher vorzeigen oder jährliche Jahresendabrechnungen produzieren.

Es ist ein uneingeschränktes Geldmonopol.

Dieses Buch erklärt, wie dieses Geldmonopol entstand. Offensichtlich wurden der Kongreß und die Öffentlichkeit in die Irre heführt und belogen, als die Gründung der Federal Reserve-Bank im Gespräch war. Der Grund dafür, warum das Monopol fortexistierte, ist die Trägheit der Öffentlichkeit, und solange ihre individuelle Welt halbwegs erfüllend ist, hat sie keinen Grund, die Handlungen der Fed zu hinterfragen.

Selbst wenn sie dies täte, würde sie nur wenige Bücher finden, die echte Fakten hervorholen. Akadamiker sind zu sehr am Schutz des Fed-Monopols interessiert. Ein akademisches Buch, das die Fed kritisiert, wird nie einen Verleger finden und der wirtschaftswissenschaftliche Autor fände vermutlich keine Anstellung mehr.

Dies ist das erste Buch, das die Ereignisse, die zur Verabschiedung des Federal Reserve-Gesetzes von 1913 führten, Stunde für Stunde detailliert auflistet - und die vielen Jahrzehnte an Arbeit und geheimer Planung, die private Banker investierten, um ihr Geldmonopol zu bekommen.

**Karikatur von Ed Gamble, erschienen 1994 in der
Los Angeles Times**

Kapitel 2:

THOMAS JEFFERSON UND DIE GELDMACHT

Es ist in der Fachwelt unserer Zeit zur Mode geworden, die kraftvollen Argumente der Gründerväter zu ignorieren: vor allem diejenigen der Präsidenten Thomas Jefferson, James Madison und Andrew Jackson. Diese Argumente lauten, die Republik und die Verfassung seien stets durch die sogenannte "Geldmacht" bedroht, eine Gruppe von Autokraten, die wir heute Elite nennen würden und die die politische Macht des Staates manipuliert hat, um ein Monopol über die Geldausgabe zu gewinnen.

Unsere modernen Akademiker ignorieren sogar Thomas Jeffersons Hauptgrund dafür, in der Politik zu bleiben, d.h., die damals frisch gegründeten Vereinigten Staaten vor denjenigen Elitisten zu bewahren, die Jefferson "Monokraten" und "Monopolisten" nannte. Es war das Bankenmonopol, das Jefferson als größte Gefahr für das Überleben der Republik erachtete.

Das Jefferson'sche Ideal, eines, das von heutigen Elitisten und Marxisten verspottet wird, war eine Republik, die aus kleinen bürgerlichen Eigentümern besteht (Marx würde sie später als Bourgeoisie bezeichnen, und Nelson Rockefeller pflegte sie "Bauern" zu nennen), die einen Sinn für bürgerliche Wachsamkeit haben sowie die Rechte ihrer Nachbarn achten. Für Jefferson war die beste Regierung die minimalste, in der individuelle Bürger sich selbst um den Schutz der Nachbarschaftsrechte kümmern. Jefferson lehnte nicht nur sozialistische Ideen ab, sondern gleichermaßen die monopolistische Macht von Bankeninteressen und fürchtete sich davor, was elitistische Macht mit amerikanischen Freiheiten anrichten könnte. Jefferson sagte:

> *Sollte das amerikanische Volk es Banken jemals erlauben, die Ausgabe ihrer Währung zu kontrollieren, erst durch Inflation, dann Deflation, werden die um sie herum anwachsenden Banken und Konzerne die Menschen all ihres Eigentums berauben, bis ihre Kinder auf dem Kontinent, den ihre Väter besetzten, obdachlos aufwachen werden. Die Macht zur Geldausgabe sollte den Banken entrissen und dem Kongress sowie dem Volk zurückgegeben werden, wo sie hingehört. Ich bin aufrichtig davon überzeugt, daß Banken gefährlicher für die Freiheit sind als stehende Armeen.[1]*

---

[1] *The Writings of Jefferson*, Band 7 (Autobiografie, Schriftverkehr, Berichte, Botschaften, Ansprachen und andere Texte) (Committee of Congress: Washington, D.C., 1861) S. 685.

Das erste private Bankenmonopol

Die Diskussion der Gründerväter über Banken und die Geldmacht spiegelte den Kampf politischer Philosophien unter frühen Amerikanern wider - mit Alexander Hamilton auf einer Seite und Jefferson, Madison und Franklin auf der Jefferson'schen Seite. Hamilton stand für die in Europa vorherrschende autokratische Tradition, die durch ein Bankenmonopol das zu gewinnen versuchte, was sich politisch nicht gewinnen ließ. Es war Hamilton, der im Dezember 1790 im Repräsentantenhaus einen Gesetzesentwurf vorlegte zur Gründung der "Bank of the United States" in Privatbesitz, wodurch das erste private Geldmonopol in den USA geschaffen wurde, ein Vorläufer des privaten Federal Reserve Systems. Und es war Alexander Hamilton, der nur einige Jahre zuvor die Charta für die "Bank of New York" schrieb, die erste Bank in New York City. Isaac Roosevelt, Ur-Urgroßvater von Franklin Delano Roosevelt, war von 1791 bis 1796 ihr zweiter Präsident.

Der Hamilton'sche Vorschlag einer Nationalbank war ein Freibrief für ein privates Monopol, eine Konzession des Kongresses an ein paar privilegierte Wenige. Die Bank der USA hatte das alleinige Recht, die Währung auszugeben, sie war steuerbefreit und die US-Regierung war für ihre Handlungen und Schulden letztendlich verantwortlich.

George Bancroft beschrieb es folgendermaßen:

> *Hamilton empfahl eine Nationalbank mit einem Kapitalstock von zehn oder fünfzehn Millionen Dollar, zahlbar zu einem Drittel in hartem Geld, während die anderen zwei Drittel mit europäischen Geldmitteln bestritten oder durch Grundbesitz gesichert werden sollten. Diese sollte über einen Zeitraum von dreißig Jahren zu einer rechtmäßigen Kapitalgesellschaft aufgebaut werden; in diesem Zeitraum sollte keine andere Bank, egal ob öffentlich oder privat, zugelassen werden. Ihr Kapital und ihre Einlagen sollten von Steuern befreit werden und die Vereinigten Staaten kollektiv und ausdrücklich für all ihre Handlungen verantwortlich sein. Ihre Einnahmequelle sollte aus dem alleinigen Recht zur Währungsausgabe für die Vereinigten Staaten bestehen, in gleicher Höhe wie der gesamte Kapitalstock der Bank.*[2]

Die öffentliche Reaktion darauf, daß der Kongreß einer Gruppe privater Bürger ein privates Bankenmonopol gewährte, war scharf. So erklärte James Madison:

---

[2] *The History of the Constitution of the United States*, (D. Appleton & Co., New York, 1893) S. 31.

Sollten die Noten der vorgeschlagenen Bank in allgemeinen Umlauf geraten, wird der Profit so groß sein, daß die Regierung eine stattliche Summe dafür erhalten sollte, dieses Privileg erteilt zu haben.

Es gibt andere Mängel ... und das Recht, abhängige Banken zu etablieren, sollte gar keiner Gruppe von Männern unter dem Himmelszelt gewährt werden.[3]

Im Senat erhob William McClay eine vehemente Anklage:

17. Jan. (1790), Montag. Ich habe denen klar gesagt, daß ich kein Fürsprecher des Bankensystems bin; daß ich sie als Maschinen zur Förderung der Profite unproduktiver Männer ansah; ... daß der gesamte Profit der Bank der Öffentlichkeit gehören sollte, vorausgesetzt, es wäre möglich, ihr das gesamte Kapital auszuzahlen.

Ich muß jedoch anmerken, daß die Öffentlichkeit in den vorliegen Fällen grob getäuscht wurde. Während sie [die Öffentlichkeit, Anm. d. Übersetzers] *Vorleistung in Sachwerten gab; leisteten Individuen* [die Organisatoren der Bank, Anm. d. Übersetzers] *drei Viertel in Zertifikaten, die für die Unterstützung der Bank nicht mehr Wert hatten als Bartstoppel. Außerdem wurden auf die Zertifikate bereits Zinsen erhoben, und es war höchst ungerecht, daß anderes Papier (Geld) auf ihre Kredite ausgegeben werden sollte, für das eine Prämie berechnet und das dem Land als weitere Steuer auferlegt wurde.*[4]

Hamiltons Vorschlag wurde einem Senatskomitee vorgetragen. Aber in diesem Komitee saß auch Philip Schyler (Hamiltons Schwiegervater), und sämtliche seiner Mitglieder teilten Hamiltons politische Ansichten. Kurz, das Komitee war verschworen.

Präsident Washington trug den Gesetzesentwurf dann Thomas Jefferson (Außenminister) und Edmund Randolph (Generalbundesanwalt) vor. Beide erklärten ihn für verfassungswidrig. Jeffersons Meinung bezüglich der Verfassungswidrigkeit der Bank umschloss auch folgendes kraftvolles Argument:

---

[3] Gaillard Hunt, *Writings of James Madison*, (Geo. P. Putnam's Sons, New York) Band. 6, S. 371.
[4] Tagebuch von Wm. McClay, US-Senator aus Pennsylvania, 1789. Herausgegeben von Edgar S. McClay, (D. Appleton & Co., New York, 1890) S. 371.

8

Ich betrachte die Grundlage der Verfassung wie folgt; daß "alle Befugnisse, die die Verfassung nicht an die Vereinigten Staaten delegiert und die ihnen von den Bundesstaaten auch nicht verboten werden, entweder diesen Einzelstaaten oder dem Volk vorbehalten bleiben."

Auch nur einen einzigen Fuß über die Grenzen zu setzen, die um die Befugnisse des Kongresses solcherart spezifisch gezogen wurden, läuft darauf hinaus, ein unbegrenztes Feld an Macht zu besetzen, das sich jeder Definition entzieht.

Der Gesetzesentwurf fesselt uns an die Nationalbank, die frei darin ist, sämtliche Arrangements abzulehnen, aber zu ihren eigenen Bedingungen und, während die Öffentlichkeit hinsichtlich solcher Weigerungen unfrei ist, jede andere Bank anzuheuern.[5]

Die Bank von New York

Dies war nicht Alexander Hamiltons erster Vorschlag für einen eigennützigen Charter-Vertrag für eine Bank: fünf Jahre vorher, im Jahre 1784, schloss sich Hamilton mit Isaac Roosevelt und anderen zusammen, um die Bank of New York zu gründen.

Es ist bemerkenswert, daß Akademiker die Verbindung der Roosevelt-Familie mit der Bank of New York nicht hervorgehoben haben, der ersten Bank, die in New York City und dem Staate New York gegründet wurde und außerdem eine der allerersten Banken in den Vereinigten Staaten war. Nur die Bank of North America und die Pennsylvania Bank, organisiert während des Revolutionskrieges, gingen der Bank of New York voraus.

Das erste Treffen der Bank of New York wurde am 15. März 1784 abgehalten; folgende Direktoren waren anwesend:[6]

Alexander McDougal (Präsident)
William Maxwell
Samuel Franklin
Nicholas Low
Robert Bowne

---

[5] *The Writings of Jefferson*, Band 7, Joint Committee of Congress, a.a.O.
[6] Henry W. Dommett, *Bank of New York 1784-1884*, (Putnam's Sons, New York, 1884) S. 9.

Daniel McCormick
Comfort Sands
Isaac Roosevelt
Alexander Hamilton
John Vanderbilt
Joshua Waddington
Thomas Randall
Thomas B. Stoughton

Wie wir gesehen haben, opponierte Alexander Hamilton Thomas Jefferson und der Jefferson'schen demokratischen Tradition in der amerikanischen Politik stark und hatte von Anfang an Verbindungen zur Bank of New York. Die Satzung der Bank of New York wurde tatsächlich von Alexander Hamilton geschrieben. Und da die meisten der frisch gewählten Direktoren der Bank sich im Bankengeschäft nicht auskannten, war es Alexander Hamilton, der einen Einführungsbrief für die Bank of North America lieferte, der die notwendigen Informationen und Handlungsempfehlungen enthielt.

Der erste Präsident der Bank of New York war Jeremiah Wadsworth. Seine Amtszeit währte kurz und im Mai 1786 wurde Isaac Roosevelt zum Präsidenten gewählt, mit William Maxwell als Vizepräsident. Die Büros der Bank befanden sich im alten Walton House direkt neben der Zuckerraffinerie der Roosevelts auf der anderen Straßenseite, Hausnummer 159, Quinn Street.

Was Alexander Hamilton betrifft, ist der Interessenskonflikt mehr als offensichtlich; er wurde Schatzmeister, als die Verfassung der Vereinigten Staaten im Jahre 1789 in Kraft trat. Obwohl Hamilton keine aktive tägliche Arbeit als Direktor der Bank of New York antrat, beriet er ihren Kassenwart, William Seaton, und im Jahre 1790 wurde die Bank of New York zur Vertreterin der US-Regierung - für einen Kaufpreis von 200.000 Goldgulden. Gleichzeitig trug Hamilton dem Kongress das Konzept einer Bank of the United States vor - eines privaten Bankenmonopols.

Ferner nutzte Hamilton seinen Einfluß im Kabinett, um die Bank of the United States daran zu hindern, eine Filiale in New York zu eröffnen - im Wettbewerb mit der Bank of New York.

Außerdem scheint Hamilton versucht zu haben, die Bank of New York zur eklusiven Vertreterin der US-Regierung in New York zu machen. Im Januar 1791 schrieb Alexander Hamilton an William Seaton Folgendes:

> *Ich sollte daran arbeiten, dem, was geschah, einen Dreh zu geben zugunsten einer anderen Union, deren Schicklichkeit sozusagen klar illustriert wird vom gegenwärtigen Stand der Dinge. Es ist mein Wunsch, daß die Bank of*

New York auch weiterhin Auszahlungen aus dem Buchbestand in Papieren der Bank of the United States erhalten sollte und daß sie außerdem Zahlungen für die holländischen Banknoten im selben Papier empfangen sollte.[7]

Weiter hinten im Brief schreibt Hamilton Folgendes:

Sie können darauf vertrauen, daß Sie, sollten Sie Druck ausgesetzt sein, jede in meiner Macht stehende Unterstützung erhalten werden. Ich erachte das öffentliche Interesse als substanziell involviert, wenn ich einer wertvollen Institution wie Ihrer Hilfe leiste, um den Angriffen einer Menge konföderierter Raserei zu widerstehen sowie, befürchte ich, in zu vielen Fällen prinzipienloser Spekulanten.

Alexander Hamilton war außerdem übervorsichtig, als im Jahre 1791 eine rivalisierende Bank für New York City vorgeschlagen wurde. Als Hamilton vom Projekt hörte, drückte er in einem Brief an William Seaton, datiert auf den 18. Janur 1791, sein starkes Mißfallen aus:

Ich erfuhr mit unendlichen Schmerzen von einer neuen Bank, die in unserer Stadt anfing. Sie kann keine anderen Wirkungen haben als in jeder Weise schädliche. Ich hoffe aufrichtig, daß die Bank of New York auf keinerlei Koalition mit diesem neu geschaffenen Monster eingeht; ich bin stark davon überzeugt, daß eine bessere Allianz für sie geschaffen werden und daß die gemeinsame Kraft der beiden soliden Institutionen ohne Anstrengung oder Gewalt die jüngst aufgetauchte Wucherung beseitigen wird. Ich drücke mich Ihnen gegenüber kraftvoll im Vertraulichen aus; nicht, weil ich irgendetwas dagegen hätte, daß meine Meinung hinsichtlich der natürlichen Entwicklung der Sache bekannt wird.[8]

Myers *History of the Great American Fortunes*[9] zufolge brachte sich die Bank of New York "virulent in die Politik ein und kämpfte für die Verbreitung demokratischer Vorstellungen mit schmutzigen, aber effektiven Waffen". Myers behauptet, daß die Bank und ihre Gründer, die in der Tradition Hamiltons standen, die Gefahr für ihre finanziellen Interessen im Sinne des Jefferson'schen Prinzips voll und ganz verstanden.

---

[7] H. W. Dommett, a.a.O., S. 41.
[8] ebda., S. 43.
[9] ebda., S. 125.

Sogar in den 1930er Jahren gab es in der Bank of New York einen Repräsentanten der Roosevelt-Interessen - W. Emlen Roosevelt war Mitglied des Vorstands im Jahre 1930, so wie Cleveland Dodge, Unterstützer der Präsidentschaftskandidatur Woodrow Wilsons (siehe unten), außerdem Allan Wardwell, Partner J.P. Morgans bei der Bolschewistischen Revolution von 1917.[10]

Die "Second Bank of the United States"

Am 4. März 1809 wurde James Madison, ein ruhiger, bescheidener Mann, US-Präsident. 1776 war Madison Mitglied der Virginia Convention und diente dem Komitee, das die Verfassung und die Bill of Rights [Freiheitsurkunde, Anm. d. Übersetzers] ausarbeitete. Im Jahre 1787 wurde Madison Mitglied der Delegation aus Virginia in der Philadelphia Convention und machte spezifische Vorschläge zur Verfassung, versammelt im sogenannten "Virginia-Plan". In vielerlei Hinsicht kann Madison als "Hauptarchitekt der Verfassung" bezeichnet werden. Folgerichtig sind Madisons Ansichten zur Verfassungsgemäßheit privater Bankenmonopole grundlegend. Die Charta der First Bank lief 1811 aus und der Kongreß weigerte sich auf der Grundlage der Verfassungswidrigkeit, eine neue zu gewähren. Präsident Madisons Botschaft wiederholte das Argument der Verfassungswidrigkeit der Bank und kommentierte folgendermaßen:

Insgesamt wird davon ausgegangen, daß die vorgeschlagenen Einrichtungen Folgendes tun werden:

1. ein Monopol hinsichtlich der Profite einer Nationalbank über einen Zeitraum von zwanzig Jahren zu genießen;

2. daß die monopolisierten Profite mit Anwachsen der Landesbevölkerung und des Wohlstandes kontinuierlich steigen werden;

3. und daß die Nation im selben Zeitraum von den Noten der Bank als umlaufendem Geld abhängig sein wird, wann immer die Edelmetalle verlangt werden mögen; und

4. zu jeder Zeit (wird die Nation von den Noten der Bank abhängig sein) in einer Menge, wie sie ein Ersatz für Geld sein könnte; und

5. daß der umfangreiche Einsatz der Noten (Bank) beim Einziehen höherer Steuern die Banken ferner in die Lage versetzen wird, die gewinnbringende

---

[10] Antony Sutton, *Wall Street and the Bolshevik Revolution*, (New York, Arlington House, 1974).

Ausgabe ersterer (Banknoten) ohne die Kosten harten Kapitals zur Deckung ihres Umlaufes stark auszuweiten;

Es ist ebenso vernünftig wie erforderlich, daß die Regierung im Gegenzug für diese außerordentlichen Zugeständnisse an die Bank größere Sicherheit zur Erreichung der öffentlichen Ziele der Institution haben sollte, als sie in diesem Gesetzesentwurf vorgeschlagen werden ...[11]

Der Krieg von 1812 lieferte den Unterstützern der Bank ein neues Argument - Finanznot, die durch den Krieg verursacht wurde, erforderte finnzielle Erleichterung in Form einer neuen Nationalbank.

Unter diesen drückenden Umständen verabschiedeten Haus und Senat einen Gesetzesentwurf, der die Second Bank of the United States schuf. James Madison unterzeichnete ihn am 10. April 1816 und machte ihn somit zu Gesetz.

---

[11] Gaillard Hunt, *The Life and Writings of James Madison,* (New York, Putnam's Sons, 1908), Band 8, S. 327.

Das Geldkartell ehrt Woodrow Wilson

Federal Reserve Notes haben die merkwürdige Neigung, mit Präsidentenköpfen geschmückt zu werden. Die höchstwertige Federal Reserve Note von 100.000$ trägt das Konterfei von Woodrow Wilson, einem echten Freund des Geldkartells. Die nächsthöhere von 10.000$ ziert das Porträt von Samuel Chase, Lincolns Schatzmeister, die im Interesse des Kartells den Gesetzesentwurf für die Nationalbank durchdrückte.

Ben Franklin bekam die 100$-Note und Abe Lincoln den 5$-Schein. Die einzige Note in der Serie von 1934, die den Schriftzug "zahlbar in Gold" trägt, ist die 100.000er, die nur für Transfers zwischen verschiedenen regionalen Federal Reserve-Banken genutzt wird.

Kapitel 3:

ANDREW JACKSON: DER LETZTE ANTI-ELITISTISCHE PRÄSIDENT

Die ursprüngliche Charta für die Second Bank of the United States war zeitlich begrenzt - im Gegensatz zum heutigen Federal Reserve-System. Eine neue Charta für die (Second) Bank of the United States, um die auslaufende zu ersetzen, wurde vom Kongreß im Juli 1832 verabschiedet, und Präsident Andrew Jackson legte prompt sein Veto dagegen ein - mit einer eindringlichen Botschaft von großem historischem Interesse.

Der modernen akademischen Lehrmeinung zufolge ist Jacksons Veto "legalistisch, demagogisch und voller Täuschungen."[12] Wenn man seine Botschaft heute liest, war Andrew Jackson in Wahrheit regelrecht prophetisch mit seinen an das amerikanische Volk gerichteten Warnungen und Argumenten. Bei der ersten Antrittsrede im Januar 1832 erklärte Jackson seine Position bezüglich der Bank sowie der Erneuerung der Charta:

> *Da die Charta der Bank of the United States 1836 auslaufen wird und ihre Aktionäre sich höchstwahrscheinlich um eine Erneuerung ihrer Privilegien bemühen werden; und um die Übel zu vermeiden, die aus der Übereilung einer Maßnahme resultieren, die so viele wichtige Prinzipien und solche tiefen finanziellen Interesseren einschließt, fühle ich mich nicht danach, sie unseren Wählern und den interessierten Parteien zu schnell zur wohlüberlegten Erwägung durch die Legislative und das Volk zu präsentieren.*

> *Die Verfassungsgemäßheit dieses Gesetzes wurde gründlich hinterfragt ... weil es denjenigen, die Aktien halten, exklusive Rechte von gefährlicher Tendenz gewährt. Seine Zweckdienlichkeit wird von einem großen Teil unserer Bürger bestritten ... und es wird davon ausgegangen, daß niemand*

---

[12] Bray Hammond, *Banks and Politics in America*, (Princeton University Press, Princeton, 1957) S. 405. Es sollte angemerkt werden, daß Princeton, eine der "Ivy League"-Schulen, ein akademischer Sockel des "Establishment" ist und dabei hilft, diese einseitige historische Interpretation zu perpetuieren.

bestreitet, daß es hinsichtlich des großen Zieles versagt hat, eine einheitliche und solide Währung in den Vereinigten Staaten zu etablieren. [13]

Andrew Jacksons persönliche Meinung zur Second Bank of the United States findet sich in einem Memorandum, verfaßt in seiner eigenen Handschrift im Januar 1832. [14]

Sie zeigt, wie weit sich die heutige Auslegung der Verfassung von den Absichten unserer Gründerväter entfernte. Jacksons Eröffnungsargument lautet, daß alle "souveräne Macht beim Volk und den Bundesstaaten" liegt; dann argumentiert er, daß in Fällen wie z.b. der Macht, Konzerne zuzulassen, Fälle, in denen die Macht nicht ausdrücklich der allgemeinen (Bundes-)Regierung gegeben wird, keine "souveräne Macht, die nicht ausdrücklich gewährt wurde, implizit ausgeübt werden kann." Die Schlüsselformulierung lautet "implizierte Macht". Es gibt keine implizierten Befugnisse in der Verfassung.

Jackson fährt damit fort, es sei möglicherweise "notwendig", Macht zu verleihen, um Chartas an Banken und Firmen zu gewähren, jedoch müsse es sich dabei um eine "positive Notwendigkeit" handeln, "keine mißglückte." Dann hat aber auch nur der Kongreß innerhalb des zehn Quadratmeilen umspannenden Gebietes von Washington, D.C. solche souveräne Macht. Jackson argumentiert wie folgt:

> *Es widerspricht allen gewährten Befugnissen, daß unsere Regierung eine Firma bilden und darin Mitglied werden sollte. Den Gründern war der korrumpierende Einfluß eines großen, betuchten, auf der Regierung liegenden Monopols nur zu bewußt, um so ein korrumpierendes Monster auf Basis irgendeiner in der Verfassung implizit enthaltenen oder geäußerten Bewilligung zu legalisieren.*

Die außerordentliche Schwierigkeit und massive politische Macht, der sich Jackson im Kampf gegen das "Geldmonopol" und seinen Einfluß ausgesetzt sah, zeigt sich in einem Brief an Hugh L. White, datiert auf den 29. April 1831 (Band 4., Seite 271):

> *Die großartigen Prinzipien der Demokratie, deren Rückgabe an die Bundesregierung uns beiden am Herzen liegt, können nicht vollzogen werden außer von einem vereinten Kabinett, das auf dieses Ziel hinarbeitet. Die Kämpfe gegen die Erneuerung der Charta für die United States Bank müssen aufgenommen werden. Dem korrumpierenden Einfluß der Bank auf die Moral des Volkes und den Kongreß muß furchtlos begegnet werden ...*

---

[13] James A. Hamilton, Reminiscences, p. 149.
[14] John Spencer Bassett, Herausgeber, *Correspondence of Andrew Jackson*, (Carnegie Institution, Washington, D.C., 1929-32) Band 4, S. 389.

Viele, von denen Sie es nicht vermutet hätten, haben sich im Geheimen ihren Reihen angeschlossen, und zwischen Exponenten der Bankiers und solchen, die nach internen Verbesserung streben, ist es schwierig, ein Kabinett zusammenzustellen, das sich in der großen Aufgabe der demokratischen Reform der Leitung unserer Regierung mit Herz und Hand mit mir vereinen wird.[15]

Um 1883 war der Kampf um die Erneuerung der Charta für die Bank of the United States in einen Konflikt zwischen Andrew Jackson und seinen Schatzmeister, William J. Duane, ausgeartet und führte schlußendlich zur Entlassung Duanes. Jackson wollte alle Regierungseinlagen aus der privaten Bank of the United States abziehen, während Duane sich weigerte, die Entfernung der Einlagen anzuordnen.

In einem Brief, datiert auf den 26. Juni 1833 (Band 5, Seite 111), führt Andrew Jackson seine Forderung nach einer Abhebung von Regierungseinlagen bei der Bank of the United States weiter aus und schlägt vor, daß in jeder der verschiedenen Städte eine Bank für Regierungsgelder ausgesucht wird. Kreditwürdige staatliche Banken seien der Konzentration von Finanzmitteln der Regierung bei einer einzigen Bank, die ein privates Monopol darstellt, vorzuziehen.

Dem Brief lag ein Papier bei, in dem Jacksons Ansichten bezüglich möglicher Beziehungen der Regierung zur Bank of the United States und der Zukunft erklärt wurden. Es enthielt dieses überaus direkte Statement:

Die Zeichner (unserer Verfassung) waren sich der korrumpierenden Einflüsse eines betuchten Monopols auf die Regierung nur zu bewußt, um so ein korrumpierendes Monster auf Basis irgendeiner in der Verfassung implizit enthaltenen oder geäußerten Bewilligung zu legalisieren.

Bankfirmen sind Makler in großem Stil, und könnte wirklich darauf gedrängt werden, die Zeichner der Verfassung hätten beabsichtigt, daß aus der Regierung eine von Maklern wird? Falls ja, müssen die Profite des nationalen Broker-Ladens dem Wohl des ganzen Volkes dienen und nicht nur ein paar wenigen privilegierten, wohlbestallten Kapitalisten - unter blanker Zurückweisung der Vielen.[16]

---

[15] a.a.O., S. 271. Jackson war kein bewanderter Schreiber. Er war eher ein Mann der Tat und Prinzipien als einer des Wortes. Dennoch sind seine Argumente klar erkennbar für die, die Augen zum Lesen haben.
[16] a.a.O., S. 92.

Diese Ansicht erinnert daran, daß der Kongreß im Dezember 1831 eine Erneuerung der Bank-Charta erbat und Jackson sein Veto eingelegt hatte. Da Jackson zu diesem Zeitpunkt als Kandidat zur Wiederwahl stand, wurde das Veto dadurch der Wählerschaft direkt vorgebracht, und durch Zustimmung zum Präsidenten verdammte die Öffentlichkeit den Gesetzesentwurf ebenfalls als "unzweckmäßig und verfassungswidrig."

Mit anderen Worten argumentierte Jackson, daß sein Veto bereits öffentliche Zustimmung erfahren habe. Deshalb, fuhr Jackson fort, "bestand die Pflicht der Bank darin, ihre Bedenken in einer Weise abzuwickeln, die den geringsten Druck auf den Geldmarkt ausübte."

Jackson erinnerte an die außergewöhnliche und rapide Zunahme der Staatsschulden gegenüber der Bank, die in einem Zeitraum von 16 Monaten um 28 Millionen Dollar oder 66 Prozent gestiegen waren. Jackson kommentierte das wie folgt:

> *Das Motiv der enormen Ausweitung der Kredite kann nicht länger angezweifelt werden. Es ging ohne jede Frage darum, Macht im Land zu gewinnen und die Regierung durch den Einfluß der Gläubiger zur Gewährung einer neuen Charta zu zwingen.*

Dies sollte die erste und letzte Aussage eines amerikanischen Präsidenten sein, der erklärt, was viele heute vermuten: das bestimmte Banken (aber nicht alle Bankiers) Schulden als politische Waffe zur Machtgewinnung nutzen. Wir können nicht von allen Bankern sprechen, weil es Bankiers bspw. in katholischen Ländern auf religiöser Grundlage verboten ist, Schulden zur Kontrolle zu verwenden. Dies käme Wucher gleich.

Jackson fährt damit fort, die Gründe für seinen Wunsch nach einer Trennung der Verbindungen zwischen der Bank und der Regierung zu benennen:

> *ein maßgeblicher Einwand ist, daß die Bank of the United States die Macht und somit Neigung besitzt, die staatlichen Banken zu zerstören, vor allem diejenigen, die von der Regierung als Verwahrer ihrer Geldmittel ausgesucht wurden, wodurch sie breitflächig Notlagen und Ruin in den gesamten Vereinigten Staaten erzeugen können.*

Dann bringt Jackson ein Argument vor, das Lesern des 20. Jahrhunderts seltsam erscheinen muß:

> *Die einzige der Verfassung der Vereinigten Staaten bekannte Währung ist Gold und Silber. Dies ist folgerichtig die einzige Währung, die zu regulieren dem Kongreß von der Verfassung die Macht verliehen wird.*

Dies legt nahe, daß Andrew Jackson das gegenwärtige Federal Reserve-System, ein privates Monopol in Bankbesitz, als verfassungswidrig betrachtet hätte und de facto als das "Geldmonster" in neuer Form.

Präsident Andrew Jacksons finale Botschaft vom 4. März 1837 war in ihrem Inhalt unglaublich prophetisch - und es war das letzte Mal, daß ein amerikanischer Präsident von den elitistischen Mächten hinter den Kulissen ausreichend unabhängig war, um amerikanische Bürger öffentlich vor den Gefahren für ihre Freiheiten und ihre Lebensgrundlage zu warnen. Hier ein Exzerpt aus Jacksons letzter Botschaft an das amerikanische Volk:

> *Not und Angst, die das Land durchdrangen und in Aufruhr versetzten, als die Bank of the United States Krieg gegen das Volk führte, um es dazu zu bringen, sich ihren Forderungen zu beugen, können noch nicht vergessen werden. Der ruch- und schonungslose Charakter, mit dem ganze Städte und Gemeinden unterdrückt wurden, Individuen verarmt und ruiniert, und ein Bild des fröhlichen Wohlstandes, das sich plötzlich in eines aus Trübsinn und Verzweiflung verwandelte, sollten sich der Erinnerung der Menschen in den Vereinigten Staaten unauslöschlich eingeprägt haben.*

> *Wenn das ihre Stärke in einer Zeit des Friedens war, was hätte sie nicht sein können in einer Zeit des Krieges, mit einem Feind vor der Tür? Keine Nation außer den freien Menschen der Vereinigten Staaten hätte aus solch einem Kampf siegreich hervorgehen können; doch hättet ihr nicht gesiegt, hätte die Regierung aus den Händen der Vielen in die der Wenigen umverteilt, und diese organisierte Geldmacht hätte aus ihrer geheimen Enklave die Entscheidungen eurer höchsten Amtsträger diktiert und euch dazu gezwungen, Frieden oder Krieg zu machen, gerade so, wie es ihren eigenen Wünschen am besten gepaßt hätte.[17]*

Noch während Jackson diese Botschaft an das amerikanische Volk schrieb, hatte unsere Regierung "aus den Händen der Vielen in die Hände der Wenigen" umverteilt. Darüber hinaus diktierten die Wenigen "aus ihrer geheimen Enklave" bereits politische Entscheidungen, Aufschwung und Rezession, Krieg und Frieden.

In den Vereinigten Staaten waren die Jackson'schen Demokraten, die "Whig-Tradition" in der amerikanischen Politik, das letzte Überbleibsel, das die Macht hinter den Kulissen kannte und verstand. Jenseits des Atlantiks, in England, versuchten die "Cobdeniten" unter Richard Cobden und John Bright, eine ähnliche Fackel der individuellen Freiheit hochzuhalten. Auch sie scheiterten.

---

[17] "Richardson's Messages", Band. 4, S. 1523.

Wie Jackson in seiner letzten Botschaft schrieb, wurden sozialistische Manifeste erwogen und in Papierform gebracht. Nicht, um das Los des einfachen Mannes zu verbessern, wie sie uns glauben machen wollen, sondern als Instrumente zur Erlangung von politischer Macht für die Elite.

Kapitel 4:

ROOSEVELTS SOZIALISTISCHES MANIFEST

Die Kräfte "der Wenigen", d.h. der Elite des Establishments, waren seit Jacksons letzter Botschaft von 1837 im Aufstieg befindlich. Präsident Martin Van Buren versuchte kurz und erfolglos, sich ihrer Macht entgegenzustellen. Abraham Lincoln versuchte es - und scheiterte ebenfalls. Jeder Präsident seit Lincoln hat sich geweigert, die Macht der Elite auch nur anzukratzen.

Auf der einen Seite kontrolliert das "Geldmonopol" den Status Quo und die herrschenden Establishments. Auf der anderen Seite wird die "Revolution der wachsenden Erwartungen" - oberflächlich betrachtet - von sozialistischen Revolutionären erschaffen, doch in Wahrheit wird Sozialismus in Theorie und Prais erschaffen, unterstützt und kontrolliert durch Schulden und politische Macht, die vom "Geldmonopol" erzeugt werden.

In diesem Kapitel werden wir uns ein amerikanisches sozialistisches Manifest anschauen, den Vorläufer von FDRs "New Deal", geschrieben von Clinton Roosevelt im Jahre 1841. Clinton Roosevelt, einer der weniger bekannten Roosevelt-Verwandten, stammt von den New Yorker Bankiers-Roosevelts ab und war durch seine sozialistischen Schriften mit den Roosevelts des 20. Jahrhunderts verbunden. In Kapitel Fünf werden wir ein etwas bekannteres Manifest beschreiben, das von Karl Marx, das ebenfalls aus den Vereinigten Staaten finanziert wurde.

Das "Geldmonopol" erschafft und nährt Sozialismus. Lassen Sie uns damit beginnen, diese Vorstellung anhand der Roosevelts zu untersuchen, die gleichzeitig Banker und Sozialisten waren.

Während ein Zweig der Roosevelt-Familie die Bank of New York sowie die Zuckerindustrie aufbaute, arbeitete sich ein anderer Zweig der Familie in die praktische Politik und sogar die theoretische Philosophie vor.

Zum Beispiel war James J. Roosevelt lange, bevor Franklin Delano Roosevelt Präsident wurde, in den Jahren 1835, 1839 und 1840 Mitglied der Legislatur von New York, Mitglied der "Loco Focos" und tat sich durch Opposition zu den Versuchen der "Whigs" vor, Wahlfälschungen auszumerzen.[18]

---

[18] Karl Schriftgiesser, *The Amazing Roosevelt Family*, 1613-1942 (New York: Wilfred Funk, 1942) S. 143.

Roosevelt war nicht nur im inneren Zirkel von Tammany's Hall mächtig, sondern - einem Biographen zufolge - war "er tatsächlich Verbindungsmann zwischen der Hall und Wall Street, jemand, der Anordnungen von den Bankern an die Politiker weiterleitete und in rücksichtsloser Manier Ernennungen und Wahlen diktierte."[19]

James Roosevelt war im Jahre 1840 die Verbindung zwischen den inneren Zirkeln von Tammany's Hall und der Wall Street, inklusive der eigenen Bank der Roosevelts, also der Bank of New York. Aber es war Clinton Roosevelt, geboren 1804, Sohn von Elbert Cornelius Roosevelt, der einige Jahre, bevor Marx sein berühmteres Kommunistisches Manifest vom französischen Sozialisten Victor Considerant plagiierte (siehe Kapitel Fünf), ein sozialistisches Manifest bereitstellte.

Clinton Roosevelt war ein Verwandter von Franklin Delano Roosevelt aus dem 19. Jahrhundert, außerdem zufällig verwandt mit Präsident Theodore Roosevelt, John Quincy Adams und Präsident Martin Van Buren. Clinton Roosevelts einzige literarische Leistung findet sich in einem seltenen Büchlein, datiert auf das Jahr 1841.[20] Im Wesentlichen ist es eine sokratische Diskussion zwischen dem Autor Roosevelt (d.h., den Wenigen) und einem "Produzenten", der vermutlich den Rest von uns repräsentiert (d.h., die Vielen).

Roosevelt schlägt eine totalitäre Regierung vor, nicht unähnlich derjenigen von Karl Marx, unter der sämtliche Individualität einem Kollektiv untergeordnet ist, das von einer elitistischen aristokratischen Gruppe geführt wird (d.h., den Wenigen oder, in marxistischen Begriffen, der Avantgarde), die die gesamte Gesetzgebung entwirft und verabschiedet. Roosevelt verlangte die Abschaffung der Verfassung zur Erreichung seiner Ziele:

---

[19] Ebda., S. 142. Untersuchungen der Diagramme auf den Seiten XI und XII in Schriftgiessers Buch zeigen, daß Franklin Delano Roosevelt, der sogenannte "Anti-Banken-Kandidat" von 1932, ebenfalls in direkter Linie vom New Yorker Bankengründer Isaac Roosevelt abstammt.

[20] Clinton Roosevelt, *The Science of Government Founded on Natural Law* (New York: Dean & Trevett, 1841). Es gibt zwei bekannte Kopien dieses Buches: eine in der Kongreßbibliothek, Washington D.C., eine andere befindet sich in der Bibliothek der Universität Harvard. Die Existenz dieses Buches wird in der jüngsten Ausgabe des Kataloges der Kongreßbibliothek zensiert (d.h., es wird nicht erwähnt), es wurde aber in der früheren Ausgabe von 1959 gelistet (Seite 75). Ein Faksimile wurde von Emanuel J. Josephson veröffentlicht, als Teil seines "Roosevelt's Communist Manifesto" (New York: Chedney PRess, 1955).

P. (Produzent): Aber ich frage nochmal: Würden Sie auf einen Schlag die alten Doktrinen der Verfassung abschaffen?

A. (Autor): Um keinen Preis. Nicht mehr, als wenn jemand in einem leckgeschlagenen Boot säße und über Bord springen sollte, um sich selbst vor dem Ertrinken zu retten. Als wir die britische Flagge abgehängt haben, war das ein hastig zusammengezimmertes Schiff, und man dachte damals darüber als sehr fragwürdiges Experiment.[21]

Das Roosevelt'sche System basierte "erstens auf der Kunst und Wissenschaft der Kooperation. Das soll die ganze Sache Früchte zu unserem gegenseitigen Vorteil tragen lassen". Es ist diese Kooperation, d.h. die Fähigkeit, die ganze Sache Früchte für die Wenigen tragen zu lassen, die sich als umfassender Topos durch die Schriften und Predigten von Marx bis zur heutigen Trilateralen Kommission zieht. Im Roosevelt'schen Schema steigt jeder Mensch durch festgelegte und spezifische Grade im Gesellschaftssystem auf und wird für eine Art von Arbeit ernannt, für die er sich am besten eignet. Freie Berufswahl ist streng eingeschränkt. In den Worten von Clinton Roosevelt:

Wessen Pflicht wird es sein, Ernennungen für jede Klasse durchzuführen?

A. Die des Grand Marshall.

P. Wer wird dafür verantwortlich sein, daß die ernannten Leute die am besten qualifizierten sind?

A. Ein Rat von Psychologen, Moralphilosophen, Bauern und Mechanikern, die vom Grand Marshall ausgewählt werden und ihm rechenschaftspflichtig sind.

P. Würden Sie einen Bürger darauf beschränken, sich deren Entscheidungen in der Auswahl seiner Berufung zu unterwerfen?

A. Nein. Sollte irgendjemand von gutem Charakter insistieren, darf er es solange versuchen, bis er einen Beruf gefunden hat, der mit seinen Geschmäckern und Gefühlen am besten übereinstimmt.

Dann erfand Roosevelt den Marschall des Erschaffens ["Marshal of Creation" im engl. Original, Anm. d. Übersetzers], dessen Aufgabe es ist, Produktion und Konsum ins Gleichgewicht zu bringen, so wie ein Meisterplaner:

---

[21] Ebda.

P. Was ist die Aufgabe des Marshalls der erschaffenden oder produzierenden Ordnung?

A. Sie besteht darin, das Ausmaß an Erträgen und Fabrikationen abzuschätzen, das notwendig ist, in jeder ihm unterstehenden Abteilung hinreichende Mengen zu schaffen. Wenn in Betrieb, sollte er Exzesse und Mängel dem Grand Marshall berichten.

P. Wie soll er solche Exzesse und Mängel entdecken?

A. Die verschiedenen Händler werden ihm Nachfrage und Angebot in jedem Geschäftszweig berichten, wie wir hiernach sehen werden.

P. Unter dieser Ordnung befinden sich, so wie ich das sehe, Landwirtschaft, Fabriken und der Handel. Was ist dann die Aufgabe des Marshalls der Landwirtschaft?

A. Er sollte vier Regionen unter sich haben, oder falls nicht, muß der Handel die Mängel ausgleichen.

P. Was für vier Regionen?

A. Die gemäßigte, die warme, heiße und die Wasserregion.

P. Warum sie solcherart aufteilen?

A. Weil die Produkte dieser verschiedenen Regionen verschiedene Systeme der Kultivierung benötigen und ordnungsgemäß Angelegenheit verschiedener Köpfe sind.[22]

Fünfundsiebzig Jahre später - im Jahre 1915 - wurde Bernard Baruch von Präsident Wilson eingeladen, einen Plan für ein Komitee zur Mobilisierung der Verteidigung zu entwerfen. Dieser Baruch-Plan wurde im weiteren Verlauf zum "War Industries Board", das das alte "General Munitions Board" absorbierte und ersetzte. Das "War Industries Board" als Konzept war kooperativen Handelsgesellschaften ähnlich, eine Einrichtung, nach der die Wall Street lange Zeit strebte, um die unerwünschten Härten des Wettbewerbs auf dem Markt zu kontrollieren, sowie dem Plan Clinton Roosevelts von 1841. Komitees der Industrie, des Groß- und Kleinunternehmertums, beide repräsentiert in Washington, und beide mit Repräsentation Washingtons daheim ... das sollte das Rückgrat des ganzen Gebildes sein.

---

[22] Ebda.

Im März 1918 hatte Präsident Wilson - dabei ohne Autorisierung durch den Kongreß handelnd - Baruch mit mehr Macht ausgestattet, als je ein Individuum in der Geschichte der Vereinigten Staaten in Händen hielt. Das "War Industries Board" war - mit Baruch als Vorsitzendem - verantwortlich für alle Fabriken und für die Versorgung mit allen Rohmaterialien, allen Produkten und sämtlichem Transport, und all seine finanziellen Entscheidungen lagen beim Vorsitzenden Baruch.

Das "War Industries Board" war der organisatorische Vorläufer der "National Recovery Administration" von 1933, und einige Leute aus der Firmenelite des WIB, die von Baruch ernannt worden waren - Hugh Johnson z.B. - fanden administrative Nischen in Roosevelts NRA-Plan. Ein Vergleich von Roosevelts New Deal, der in Wahrheit von Gerard Swope von General Electric verfaßt wurde, mit Clinton Roosevelts frühem Entwurf von 1841 offenbart bemerkenswerte Ähnlichkeiten.

Clinton Roosevelt - Die Wissenschaft von der Regierung
(New York 1841)

Dies ist ein Vorschlag für eine totalitäre Regierung ohne individuelle Rechte, geführt von einem elitstischen Establishment. Clinton Roosevelt war ein Verwandter von Franklin Delano Roosevelt. Das Buch wurde aus dem heutigen Katalog der US-Kongreßbibliothek entfernt, obwohl es in der früheren Ausgabe von 1959 noch gelistet wurde.

THE

SCIENCE OF GOVERNMENT,

FOUNDED ON

NATURAL LAW.

BY

CLINTON ROOSEVELT.

NEW YORK:
PUBLISHED BY DEAN & TREVETT,
121 FULTON STREET.
1841.

Entered according to Act of Congress, in the year 1841, by
CLINTON ROOSEVELT,
In the Clerk's Office of the District Court for the Southern
District of New York.

Kapitel 5:

KARL MARX UND SEIN MANIFEST

Der moderne Wohlfahrtsstaat, wie wir ihn in den Vereinigten Staaten haben, weist bemerkenswerte Ähnlichkeit mit dem Kommunistischen Manifest auf, das angeblich von Karl Marx im Jahre 1848 geschrieben wurde. Die zehn Punkte des Marx'schen Manifestes, eines Programms, das dazu entwickelt wurde, die Bourgeoisie der Mittelschicht zu stürzen (nicht die Großkapitalisten), wurden von einander abwechselnden demokratischen und republikanischen Regierungen seit Woodrow Wilson unter Führung eines sich selbst perpetuierenden Establishments umgesetzt.

Marx' großer Feind war die Mittelschicht, die Bourgeoisie. Marx wollte diese Mittelschicht in einer Revolution enteignen, die von der sogenannten Arbeiterklasse angeführt wird, auch Proletariat genannt. Zum Pech für Marx wurde die arbeitende Klasse mit kommunistischen Revolutionen nie sonderlich warm, wie wir in den Revolutionen der 1980er gesehen haben. In der Praxis wird kommunistische Revolution von einer Handvoll Kommunisten gelenkt. Wie kann eine Revolution von einer kleinen Gruppe erschaffen und an der Macht gehalten werden? Nur deshalb, weil Kommunisten immer Hilfe von der sogenannten herrschenden Klasse erhielten - Kapitalisten und Bankern. Diese Hilfe und Förderung blieb von Marx' Manifest von 1848 bis ins späte 20. Jahrhundert konsistent, als eine von David Rockefeller dominierte Administration kommunistischen Revolutionen und Revolutionären in Zentralamerika, Angola und Mosambik half.

Lassen Sie uns mit dem Manifest von 1848 beginnen. Marx wollte die Mittelschicht enteignen. Im Manifest formulierte Marx das Ziel wie folgt:

> *Im ersten Schritt kann das natürlich nur erreicht werden durch despotische Einmischung in die bourgeoisen Produktionsmethoden; damit soll gesagt sein, durch Maßnahmen, die ökonomisch unzulänglich und unhaltbar erscheinen, jedoch weitreichende Effekte haben und als Mittel notwendig sind, das gesamte Produktionssystem zu revolutionieren.*[23]

Um diese "despotische" Beschlagnahmung des Eigentums der Mittelschicht herbeizuführen, legte Marx ein Zehn-Punkte-Programm von "Maßnahmen" fest wie folgt:

---

[23] Ryazinsky, *Communist Manifesto*, (New York: Russell & Russell, Inc., 1963) S. 52.

Diese Maßnahmen werden natürlich von Land zu Land unterschiedlich sein. In den am weitesten fortgeschrittenen Ländern werden sie, allgemein gesprochen, die folgenden Formen annehmen:

1. Zwangsenteignung von Grundstückseigentum und die Verwendung von Pacht, um Staatsausgaben zu decken.

2. Eine progressive Einkommenssteuer.

3. Abschaffung des Erbrechts.

4. Konfiszierung des Eigentums aller Emigranten und Rebellen.

5. Zentralisierung des Kredits in den Händen des Staates, durch eine Nationalbank mit Staatskapital und ein exklusives Monopol.

6. Zentralisierung der Transportmittel in den Händen des Staates.

7. Zunahme nationaler Fabriken und Produktionsmittel, Kultivierung unkultivierten Landes und Verbesserung kultivierten Landes in Übereinstimmung mit einem allgemeinen Plan.

8. Universelle und gleiche Verpflichtung zur Arbeit; Organisation industrieller Armeen, vor allem für die Landwirtschaft.

9. Landwirtschaft und urbane Industrie sollten solcherart Hand in Hand arbeiten, daß der Unterschied zwischen Stadt und Land graduell ausgelöscht wird.

10. Öffentliche und freie Bildung für alle Kinder. Abschaffung der Fabrikarbeit für Kinder in ihrer gegenwärtigen Form. Bildung und materielle Produktion sollten kombiniert werden. [24]

Wie wir später sehen werden, wurden Marx' zehn Punkte zur Zerstörung der Mittelschicht in den Vereinigten Staaten fast vollständig umgesetzt. Der 16. Verfassungszusatz bspw. (die Einkommenssteuer) ist ein archaisches politisches Konzept, daß ca. 4000 Jahre in der Geschichte zurückreicht, bis zur Zeit der Pharaonen in Ägypten.

Die Pharaonen und ihre elitistischen Berater waren der Ansicht, daß der Unternehmer, der Geschäftsmann und die Arbeiter von Ägypten, die den Wohlstand dieser

---

[24] oben zitiertes Werk

Zivilisation produzierten, aus irgendeinem Grund nicht kompetent genug seien, ihn zu verwalten.

Diese elitistischen Berater und der Pharao sagten: "Schaut mal, wir werden euch Leutchen dazu zwingen, das zu tun, von dem wir wissen, das ihr es tun solltet. Schließlich sind wir allmächtig, wir stehen hier und schauen auf euch alle herab und wir können entscheiden, was für euch am besten ist. Viel besser, als es jeder einzelne von euch für sich selber entscheiden könnte. Wir werden euch zu einem staatlichen Rentenprogramm zwingen, sodaß ihr, sobald ihr das Rentenalter erreicht, mit etwas Würde in Rente gehen könnt. Wir werden euch zwingen, das zu tun, von dem wir wissen, das ihr es tun solltet, weil wir wissen, daß ihr es nicht tun werdet, wenn man es euch selbst überläßt. Außerdem werden wir euch zu einem staatlichen Nahrungsbevorratungsprogramm zwingen. Wir werden Getreide in den Kornkammern der Regierung aufbewahren, weil wir wissen, daß ihr nicht kompetent seid - ihr seid nicht fähig, selber Nahrungsmittels aufzubewahren.

Desweiteren könnt ihr euch nicht um eure Gesundheit kümmern, also werden wir euch zu einem staatlichen Programm zur Gesundheitsvorsorge zwingen. Wir wissen, daß Gesundheit wichtig ist, und wir wissen, daß ihr nicht die Verantwortlichkeit oder Fähigkeit besitzt, euch um euch selbst zu kümmern. Wir werden es euch zu eurem eigenen Besten aufzwingen.

Die Methode, die zur Erreichung dieser Ziele genutzt wurde, bestand darin, den fünfen Teil der Gesamtproduktion von Ägypten zurückzuhalten. Wenn ihr zurückschaut und das Alte Testament lest, so sagt es, »daß der Pharao sich entschied, den fünften Teil der Produktion von Ägypten zu nehmen und in Kornkammern zum Wohle aller aufzubewahren.«"

Der moderne Befürworter der Philosophie des Pharaos ist niemand geringerer als Karl Marx und das Kommunistische Manifest. Das Manifest wurde zum bedeutendsten ökonomischen Dokument des 20. Jahrhunderts. Die Bedeutung liegt in der traurigen Tatsache, daß das Manifest der ökonomische Leuchtturm für unser heutiges Führungspersonal darstellt, des Exekutivzweiges unserer Regierung; und in den meisten Fällen arbeitet die Führungsriege beider Parteien dieses Landes daran, die Maßnahmen des Manifestes zu fördern und umzusetzen.

Im Wesentlichen behauptet das Manifest, daß, sobald diese zehn Programmpunkte in einem System freien Unternehmertums ungesetzt sind, der "Kapitalismus" zerstört wäre und ein kommunistischer Staat an seine Stelle getreten sei. Dies schrieb Marx:

Genau gesagt ist politische Macht der organisierte Gebrauch von Gewalt durch eine Klasse, um eine andere in Unterwerfung zu halten. Wenn sich das Proletariat im Zuge seines Kampfes gegen die Bourgeiosie notwendigerweise zu einer Klasse geformt hat, sich mittels einer Revolution selbst zur herrschenden Klasse macht, fegt es das alte Produktionssystem gewaltsam hinweg.

In Punkt 2 des Marx'schen Manifestes heißt es: *Eine schwere, progressive oder abgestufte Einkommenssteuer.*

Daraus wurde der 16. Zusatz der Verfassung der Vereinigten Staaten, das Gesetz in unserem Land seit 1913.

Im weiteren Verlauf dieses Jahres 1913 sahen wir die Verabschiedung des Federal Reserve Act. Interessanterweise findet sich die Idee für dieses Programm in dem von Karl Marx, nämlich unter Punkt 5, und stellt möglicherweise den wichtigsten Punkt im Kommunistischen Manifest dar. Punkt 5:

Zentralisierung des Kredits in den Händen des Staates, durch eine Nationalbank mit Staatskapital und ein exklusives Monopol.

Mit anderen Worten schlug Marx exakt dasselbe System vor, wie es die First Bank of the United States und der Federel Reserve Act vorschlugen - mit Etablierung eines fraktionalen Teilreserve-Bankensystems nach dem Vorbild früherer europäischer Zentralbanken.

Karl Marx als Plagiator

Marx war ein brillanter Typ. Er war kein Dummkopf. Marx wußte, daß er - sollte es ihm gelingen, die Fähigkeit zur Kontrolle der umlaufenden Geldmenge sowie des Kredits einer jeden Nation unter die Fittiche einer kleinen Gruppe von Menschen zu bringen - diese Ökonomien beinahe beliebig boomen oder crashen lassen könnte. Durch das Vorwissen über Wirtschafts- und Geldpolitik könnten Milliarden Dollar von einer Gruppe zur anderen transferiert werden, von der leidenden Mittelschicht zur herrschenden Elite. Dies zu tun, erforderte Propaganda, und in der Mitte des 19. Jahrhunderts war das Pamphlet dafür ein effektives Mittel.

Ein überaus interessantes Merkmal des kurzen Manifestes wurde von Akademikern beinahe vollständig ignoriert, nämlich die Tatsache, daß das Manifest die Arbeiterklasse ganz und gar nicht bevorzugt und auch gewiß nicht die Mittelklasse, die zur Auslöschung ins Visier genommen wird.

Das Manifest ist eine Blaupause für elitistische Kontrolle. Das Manifest befürwortet die Übernahme politischer und ökonomischer Macht durch eine Elite. Und wenn wir uns die Quelle der Unterstützung anschauen, die Marx gegeben wurde, ist klar, daß die Vorteile für die Elite sogar schon in den 1840er Jahren offensichtlich waren.

Marx wurde sicherlich dafür bezahlt, das Manifest zu schreiben, wie wir später sehen werden. Desweiteren wurde das Manifest von einem obskuren französischen Sozialisten namens Victor Considerant und seiner Schrift *Principles du Socialisme: Manifeste de la Democratie au Dix Neuvieme Siecle* plagiiert, das 1843 veröffentlicht wurde ["Prinzipien des Sozialismus: Manifest der Demokratie im 19. Jahrhundert", Anm. d. Übersetzers]. Die zweite Ausgabe von Considerants Werk wurde 1847 in Paris veröffentlicht, ein Jahr vor dem Manifest - als Marx und Engels in Paris lebten.

Die Plagiate wurden von einem sogar noch undurchsichtigeren Autor entdeckt, W. Tscherkesoff, und detailliert in seinem Buch *Pages of Socialist History* (Cooper, New York, 1902) beschrieben.

Lassen wir Tscherkesoff Marx' Kopistentum in seinen eigenen Worten beschreiben:

Ich fühlte mich wie betäubt, ich war ungehalten, sogar beleidigt, als ich vor ungefähr einem Jahr die Gelegenheit hatte, das Werk von Victor Considerant zu lesen, "Prinzipien des Sozialismus: Manifest der Demokratie des 19. Jahrhunderts", geschrieben 1843; die zweite Ausgabe wurde 1847 veröffentlicht. Dafür gab es einen Grund. In einem Pamphlet von 143 Seiten erklärt Victor Considerant mit der von ihm gewohnten Klarheit sämtliche Grundlagen des Marxismus, dieses "wissenschaftlichen" Sozialismus, den die Parlamentarier der ganzen Welt aufzudrücken wünschen. Genauer gesagt geht der theoretische Teil, in dem Considerant Prinzipienfragen abhandelt, nicht über die ersten 50 Seiten hinaus; der Rest ist der berühmten Klage gewidmet, die die Regierung von Louis Philippe gegen die Zeitschrift der Fourieristen vorbrachte, "La Democratic pacifique", und die die Geschworenen der Seine verwarfen. Aber auf diesen 50 kurzen Seiten liefert uns der berühmte Fourierist, wie ein wahrer Meister, so viele profunde, klare und brilliante Verallgemeinerungen, daß selbst ein infinitesimaler Teil seiner Ideen in seiner Gesamtheit sämtliche der Marx'schen Gesetze und Theorien enthält - inklusive der berühmten Konzentration von Kapital sowie das gesamte "Manifest der kommunistischen Partei". Sodaß der gesamte theoretische Teil, also die ersten beiden Kapitel, von denen Engels selber sagt, sie seien "heute insgesamt so richtig wie jemals zuvor", schlicht ausgeborgt ist. Dieses "Manifest", diese Bibel legaler revolutionärer Demokratie, ist eine sehr mittelmäßige Paraphrase zahlreicher Passagen des "Manifestes" von V. Considerant. Nicht nur haben Marx und Engels die Inhalte ihres "Manifestes" im Manifest von V. Considerant gefunden, sondern auch die Form sowie die Titel der Kapitel wurden von den Nachahmern beibehalten.

Paragraph Zwei im zweiten Kapitel bei V. Considerant trägt den Titel: "Die gegenwärtige Situation und '89: die Bourgeoisie und die Proletarier". "Die Bourgeoisie und die Proletarier" ist der Titel des ersten Kapitels bei Marx und Engels.

V. Considerant untersucht unterschiedliche sozialistische und revolutionäre Parteien unter dem Namen der Demokratie, seine Abschnitte tragen die Titel:

Stagnierende Demokratie
Retrograde Demokratie
Die Sozialistische Partei in der retrograden Demokratie;

Die Titel bei Marx und Engels lauten:

Reaktionärer Sozialismus
Konservativer und bourgeoisier Sozialismus
Kritischer utopischer Sozialismus und Kommunismus

Würde man nicht annehmen, all diese Titel gehörtem zum selben Werk? Wenn wir die Inhalte vergleichen, werden wir sehen, daß diese beiden Manifeste in Wahrheit identisch sind.[25]

Zeile für Zeile demonstriert Tscherkesoff, daß Marx ein gewöhnlicher Dieb war. Der große Marx, der bewunderte Marx, steht nur noch auf einer Stufe mit einem drittklassigen Schuljungen!

Es kann keine Diskussion geben über den massiven Einfluß von Karl Marx und Friedrich Engels auf die Weltgeschichte. Dennoch wurde die Gebrauchtwaren-Natur der marxistischen Ideen und Argumente stets übersehen.

Was ist mit Marx' Kollaborateur - Friedrich Engels? Die Schludrigkeit des Engels'schen Werkes wurde in der Einführung von W.O. Hendersons und W.H.Chaloners *Condition of the Working Class in England* (Basil Blackwell, Oxford, 1958) dokumentiert.

Bis zurück zum Jahr 1848 stellte Bruno Hildebrand eine detaillierte Kritik von Engels' Buch zusammen, vor allem seiner unausgewogenen Interpretation britischer Regierungsberichte. Engels wollte etwas beweisen - und verzerrte dafür die Fakten. Wie Henderson und Chaloner weiter ausführten, "kam manchmal Engel's

---

[25] W. Tcherkesoff, *Pages of Socialist History*, S. 56.

32

Vorstellungskraft anstelle der Fakten zum Einsatz". So finden wir z.B. bei Henderson auf Seite 118:

> *Als Beweis in einer parlamentarischen Untersuchung sagte der Nottinghamer Gerichtsmediziner aus, daß ein Drogist zugegeben hat, 13 cwt. Melasse in einem Jahr zur Herstellung von Godfrey's Cordial verwendet zu haben. Aber in Engels' Ausgabe von 1887 wurde daraus "nutzte 13 cwt. Laudanum in einem Jahr zur Vorbereitung von Godfrey's Cordial".*

Laudanum ist natürlich Opiumtinktur und unterscheidet sich stark von Melasse. Das Implikat war, die Kinder der Arbeiterklasse wären unter Drogen gesetzt worden.

Marx' finanzielle Förderer

Woher bekam Karl Marx sein Geld? Wie lebte er? Wenn wir das untersuchen, finden wir heraus, daß die Finanzmittel hauptsächlich aus vier Quellen stammten, und jede dieser vier kann mit der herrschenden Elite in Deutschland und den Vereinigten Staaten in Verbindung gebracht werden.

Der Mittelsmann zur Finanzierung des Druckes des Manifestes war kein anderer als der Pirat Jean Laffite aus Louisiana, der, neben anderen seiner späteren Berufe, als Spion für Spanien tätig war sowie als Kurier für eine Gruppe amerikanischer Banker.

Die Beweise für diesen Dreh der modernen Geschichte wurden von modernen Historikern ignoriert, obwohl die Dokumente, authentifiziert von der Kongreßbibliothek und anderen Quellen, für ca. 30 Jahre verfügbar waren.

Es ist außergewöhnlich, daß die ersten Akademiker, die über diese Finanzquelle von Marx berichteten, auf Französisch schrieben, nicht Englisch! Es war ein französisches Buch von Georges Blond mit dem Titel *Histoire de la Filibuste*, das die bemerkenswerte Geschichte der Freundschaft zwischen Karl Marx' und dem Piraten Jean Laffite enthält, der "den Druck des Manifestes der kommunistischen Partei finanzierte". Woher bekam Blond seine Information? Sie stammte aus zwei privat gedruckten Büchern, die von Stanley Clisby Arthur in New Orleans veröffentlicht wurden, *Jean Laffite, the Gentlemen Rover* sowie *The Journal of Jean Laffite*. Diese Bücher enthalten Originaldokumente, die Treffen zwischen Marx und Laffite beschreiben sowie die Methode zur Finanzierung des Manifestes.

Wenn Sie nun den Namen Jean Laffite in der *Encyclopedia Britannica* nachschlagen, werden Sie natürlich erfahren, daß Laffite im Jahre 1823 verstarb und Marx deshalb unmöglich in den Jahren 1847 und 1848 finanziert haben konnte. Unglücklicherweise liegt die *Britannica* falsch, so wie in vielen anderen Dingen auch. Laffite ging um das

Jahr 1820 in den Untergrund und lebte ein langes und aufregendes Leben als Kurier für amerikanische Banker und Geschäftsleute.

Laffites Kurier- und Untergrundarbeit für amerikanische Banker wird in *The Journal* festgehalten:

> *Wir stellen vier Leute als Geheimoffiziere ein, um jede sachdienliche Konversation auszuspionieren und darüber zu berichten sowie mündliche Berichte über alle neuen Ereignisse abzuliefern. Wir führten unsere geheimen Missionen sehr gewissenhaft aus. Wir hatten nur zwei Schiffe, die unter privaten Verträgen mit Bankeninteressen in Philadelphia fuhren. Wir entschieden uns dazu und leisteten unseren Schwur darauf, niemals Saloons aufzusuchen oder dieselbe Route zweimal abzufahren, oder jemals nach Louisiana, Texas oder Kuba oder in irgendeines der Spanisch sprechenden Länder zurückzukehren.* [26]

Im selben Journal finden wir mit Datum vom 24. April 1848 die Bemerkung:

> *Meine Interviews waren kurz, aber direkt. Ich lebte im Haus von Mr. Louis Bertillon in Paris, manchmal in Hotels. Ich traf Mr. Michel Chevreul, Mr. Louis Braille, Mr. Augustin Thierry, Mr. Alexis de Tocqueville, Mr. Karl Marx, Mr. Friedrich Engels, Mr. Daguerre und viele andere.* [27]

Dann liefert Laffite die augenöffnende Aussage:

> *Niemand kannte die Wahrheit über meine Mission in Europa. Ich eröffnete ein Konto in einer Bank in Paris, einen Treuhandkredit für zwei junge Männer, Mr. Marx und Mr. Engels, um dabei zu helfen, die Revolution arbeitender Menschen in der Welt herbeizuführen. Sie arbeiten nun daran.* [28]

Da haben wir es also. Jean Laffite war der Agent amerikanischer Bankeninteressen und arrangierte die Finanzierung des Manifestes. In *The Journal* wird der Leser andere prominente Namen finden, z.B. Dupont, Peabody, Lincoln und so weiter.

Als Jean Laffite in Brüssel war, schrieb er ausführlich seinem Künstlerfreund De Franca in St. Louis, Missouri, über die Finanzierung von Marx. Hier ist die Übersetzung des Briefes vom 29. September 1847:

---

[26] *The Journal of Jean Laffite* (The Pirateer - Patriot's own story)" (Vantage Press, New York, 1958) S. 126.
[27] a.a.O., S. 132-33.
[28] Ebda.

Ich verlasse Brüssel nun Richtung Paris; in drei oder vier Wochen werde ich nach Amsterdam reisen, dann Richtung Amerika aufbrechen. Ich hatte einige Unterhaltungen mit Mr. Marx und Mr. Engels, weigerte mich aber, an den Konferenzen mit den anderen Diskutanten zur Zusammenstellung des Manifestes teilzunehmen, weil ich nicht wünsche, mit anderen Leuten identifiziert zu werden.

Mr. Engels geht mit mir nach Paris, damit ich einen Zeitplan zur seiner und Marx' Finanzierung vorbereiten kann, lange Zeit im Voraus, damit sie mit ihren Manuskripten vorankommen und "Kapital und Arbeit" in Textform bringen können. Von Anfang an schien es mir, daß die beiden jungen Männer selber talentiert und, wie ich aufrichtig glaube, über die höchste Intelligenz verfügen, und daß sie diese Hilfe verdienen, wird durch die statistische Forschung in der Entdeckung von "La Categorie du Capital", Wert, Preis und Profit gerechtfertigt.

Sie haben eine vergessene Zeit in der Ausbeutung des Menschen durch den Menschen durchdrungen, ohne Halt zu machen. Vom Diener über den Feudalsklaven und den Lohnsklaven entdecken sie, daß Ausbeutung die Grundlage allen Übels ist. Es brauchte lange Zeit, "Die Manifeste für die Arbeiter der Welt" vorzubereiten. Eine große Debatte fand zwischen den beiden jungen Männern und anderen aus Berlin, Amsterdam, Paris und anderen aus der Schweiz statt.

Ich bin hinsichtlich der Manifeste und anderer Ausblicke auf die Zukunft enthusiastisch, während ich die beiden jungen Männer von Herzen unterstütze. Ich hoffe und bete, daß die Projekte in einer starken Doktrin aufgehen, um die Fundamente der hochrangigsten Dynastien zu erschüttern und sie - von den unteren Massen verschlungen - zurückzulassen.

Mr. Marx riet mir und warnte mich davor, mit den Manifesten in ganz Amerika in die Tür zu fallen, weil es andere derselben Art für New York gibt. Aber ich hoffe, daß Jean oder Harry die Manifeste Mr. Joshua Speed zeigen werden, der sie wiederrum Mr. Lincoln zeigen kann. Ich weiß, daß nichts anderes dazwischen kommen kann, da es dieselbe Chance hätte. Seine Aufnahme in Washington wäre ein heiliges Versprechen, daß der Pfad, auf dem ich mich befinde, mit der Politik übereinstimmt, die gegenwärtig in der Republik Texas verfolgt wird.

Mr. Marx akzeptiert einige meiner Texte über die Kommunen, die zu verlassen ich vor einiger Zeit gezwungen war, sorgfältig Regeln und Regulierungen abwägend, die nicht auf einem starken Fundament fußten -

als sogenanntes reines und simples Utopia - ohne Präambel oder Körperschaft, ohne sichtbare Basis, auf der man aufbauen kann. Ich stimmte zu diesem Zeitpunkt mit den beiden jungen Männern überein, was die utopischen Träume der Vergangenheit betrifft.

Das Opfer wurde geleistet, um das großartige Manuskript und seine Verfassung zu bewahren, um für immer mit den Sternen zusammen zu strahlen, aber nicht für diejenigen an der Macht, um diese zu mißbrauchen oder auszubeuten.

Oh! Zu meiner Bestürzung; Ich habe den Mißbräuchen zugestimmt, die im letzten Teil desselben Jahres praktiziert wurden, nachdem der Drache ausgemerzt und vollständig abgeschafft war. Ich habe meine zweite Kommune beschrieben, die aufzulösen und zu verlassen ich gezwungen war zur Fackel des 3. März 1821, dann faßte ich den Entschluß, mich ohne Umkehr zurückzuziehen. Ich helfe nicht länger denen, die meinen Prinzipien entgegenstehen.

Ich muß aufhören. Ich werde verschiedene Manuskripte und das Manifest mitbringen. Ich hoffe, daß Jules und Glenn in der Schule mit Miss Wing und Miss Burgess Fortschritte machen. Ich weiß, sie haben als Lehrer viel Geduld. Glenn ist nicht so stark wie Jules.[29]

Die zweite Finanzquelle für Karl Marx war Charles Anderson Dana, Herausgeber der *New York Tribune*, deren Eigentümer Horace Greeley war. Sowohl Dana als auch Greeley waren brüderlich mit Clinton Roosevelt verbandelt, den wir in Kapitel 3 zitiert hatten sowie seinem Roosevelt-Manifest für eine diktatorische Regierung. Dana heuerte Marx an, um für die New York Tribune zu schreiben. Dies tat Marx - in über 500 Artikeln, die sich über einen Zeitraum von zehn Jahren spannten, von 1851 bis 1861.

Marx' hauptsächliche Quelle deutscher Gelder war sein Kumpan Friedrich Engels, Sohn eines wohlhabenden Baumwollfabrikanten aus Bremen und finanzieller Förderer von Marx über viele Jahre.

Noch überraschender ist die Förderung von Marx durch die preussische Elite. Karl Marx heiratete Jenny von Westfalen. Jennys Bruder, Baron Ferdinand von Westfalen, war Innenminister Preussens (der die Polizeibehörde beaufsichtigte), als Marx von eben dieser preussischen Abteilung "untersucht" wurde.

---

[29] a.a.O.

Mit anderen Worten leitete Marx' Schwager die Untersuchung subversiver Aktivitäten. Über die Jahre unterstützte die Westfalen-Familie Marx massiv. Vierzig Jahre lang wurde Marx' Dienstmagd, Demuth, von den Westfalens bezahlt; tatsächlich wurde Demuth für diese Arbeit von Baronin Karoline von Westfalen persönlich ausgesucht. Zwei von Marx' frühen Essays wurden sogar auf dem Landsitz der Westfalens in Kreuznach geschrieben, und das Geld, das der Landsitz abwarf, wurde Marx überlassen.

Kurz, Marx wurde von den amerikanischen Bankern und der deutschen Aristokratie gut für das Manifest und spätere Schriften finanziert. Warum sollte die Elite Marx finanzieren? Einfach deshalb, weil die gesamte Batterie der marxistischen Philosophie auf die Auslöschung der Mittelklasse und die Überlegenheit der Elite abzielt. Marxismus ist ein Werkzeug zur Konsolidierung von Macht durch die Elite. Er hat nichts zu tun damit, die Not der Armen zu lindern oder die Menschheit voranzubringen: es ist ein elitistisches politisches Werkzeug, so einfach ist das.

Kapitel 6:

ABRAHAM LINCOLN: DER LETZTE PRÄSIDENT, DER SICH MIT DER GELDMACHT ANLEGTE

Abraham Lincoln war der letzte mehrerer populistischer Präsidenten, der gegen das Geldmonopol kämpfte. Lincoln sah sich von Anfang seiner Administration an der schweren Bürde der Finanzierung des Bürgerkrieges mit einem monetären System unter privater Kontrolle ausgesetzt. Während des Bürgerkrieges stand die Regierung der Union unter Druck, ausreichende Geldmittel zur Bezahlung von Truppen aufzubringen, es gab eine Knappheit an Münzen und das private Bankensystem war nicht bereit, die Bedürfnisse der Union Army ohne persönliche Vorteile zu erfüllen.

Lincoln stand in der Jefferson'schen-Jackson'schen Tradition. Diese Tradition behielt sich das Recht vor, Währung für die Bundesregierung auszugeben und argumentierte, dieses Recht könne nicht gesetzmäßig an ein privates Monopol transferiert werden. Im Jahre 1862 legte Lincoln dem Kongreß einen Gesetzesentwurf vor, um United States Notes zum gesetzlichen Zahlungsmittel zu machen und die Bundesregierung dadurch in die Lage zu versetzen, ausreichend Papiergeld zur Finanzierung des Bürgerkrieges drucken zu können. Obwohl Lincoln wahrscheinlich nicht das inflationäre Potenzial der Macht der Regierung zur Schuldenmacherei im Auge hatte, besteht nur wenig Zweifel, daß er mit seinem Finanzprogramm beabsichtigte, Schulden abzubezahlen und Staatsausgaben zu decken, ohne daß das private Geldmonopol davon auf Kosten der öffentlichen Schatulle profitiert.

Unglücklicherweise war Samuel Portland Chase, Lincolns Schatzmeister [Secretary of the Treasury, also Finanzminister, Anm. d. Übersetzers], ein Verbündeter der Bankeninteressen. Während des Bürgerkrieges unterstützte Chase Lincolns Geldpolitik, präsentierte dem Kongreß aber später eine Legislatur, die den Bankeninteressen zum Vorteil gereichte. In ähnlicher Weise fügte Senator John Sherman, verantwortlich für die Verabschiedung geldpolitischer Gesetzgebung durch den Senat, der dem Geldmonopol bereits gewährten Macht noch mehr hinzu - in Form einer Gesetzgebung für eine Nationalbank.

Lincolns Entwurf für ein legales Zahlungsmittel wurde am 25. Februar 1862 verlautbart. Dadurch sollten 150 Millionen Dollar gesetzlicher United States Notes ausgegeben werden. Zu diesem Zeitpunkt kommentierte Finanzminister Chase:

> *Ich habe eine größere Abneigung dagegen, alles andere als Münzen zum gesetzlichen Zahlungsmittel zwecks Zahlung von Schulden zu machen; ...*

gegenwärtig ist es jedenfalls unmöglich angesichts der großen Ausgaben, die der Krieg mit sich bringt, ausreichend Münzgeld für Aufwendungen bereitzustellen: Deshalb wurde es dringend notwendig, auf die Ausgabe von United States Notes zurückzugreifen.[30]

In ähnlicher Weise bewarb Senator Sherman aus Ohio die Maßnahme auf der Grundlage, daß "auf keine andere Weise die Bezahlung der Truppen sowie die Bedienung anderer berechtigter Forderungen so ökonomisch oder so gut bewerkstelligt werden" könne.

Jedenfalls opponierten die New Yorker Bankeninteressen diesem Programm einer Landeswährung, und Senator Shermans Beteiligung spiegelte - wie wir später sehen werden - nicht seine wahre Absicht wider (was sich 1913 durch Senator Owen und den Kongreßabgeordneten Glass wiederholen sollte, die ihre wahren Standpunkte bezüglich des Federal Reserve Acts der Öffentlichkeit gegenüber falsch darstellten).

Die Idee einer nationalen Währung wurde von den Bankeninteressen, also der Geldmacht, abgelehnt, weil sie den Bankern offensichtlich das Privileg nähme, ein effektives Substitut für Geld (in der Verfassung definiert als Gold und Silber) auszugeben. Was Banker von der Regierung zu unternehmen wünschten, war die Übertragung des Rechtes auf Geldausgabe an die Bankeninteressen, d.h., es Bankern zu erlauben, als Agenten der Bundesregierung aufzutreten. Die US-Regierung wäre dann eine dauerhafter Kreditnehmerin, von der verlangt würde, Finanzmittel mit Zinsen von einem privaten Geldmonopol zu leihen - das die Monopolmacht von der Regierung selbst erhielt. Angesichts der Restriktionen der Verfassung mußten die Bankeninteressen vorsichtig vorgehen.

Der Vorschlag Clinton Roosevelts (Bank of New York) bestand darin, die Verfassung zu beseitigen, ein Vorschlag, der seine Schatten im späten 20. Jahrhundert in die Appelle der Trilateralen Kommission wirft, die Verfassung sei veraltet.

Darüber hinaus würde die Öffentlichkeit selbst, mal abgesehen von verfassungsgegebenen Grenzen, kaum einem privaten Geldmonopol zustimmen, würde die Wahrheit weithin bekannt. Also stellen wir von der Zeit Jeffersons bis in die 1990er Jahre fest, daß jede Diskussion eines privaten Geldmonopols schnell und gründlich unterdrückt wird. *Nichts ist gefährlicher für die Macht der Elite als die öffentliche Entdeckung und ein Verständnis der privaten Kontrolle der Geldversorgung.*

---

[30] Brief von Finanzminister Chase an Elbridge, G. Spaulding, 29. Januar 1862. Zitiert in *American Nation History Series, 1861-1863* von Hosmer, Band 20, S. 169.

Was die Banker in den 1860er Jahren wollten, war, daß die Regierung verzinsliche Wertpapiere ausgibt. Diese Bonds sollten als Basis für Bankenkredite genutzt werden. Als Lincoln seinen Legal Tender Act anschob, trafen sich die Banker, um etwas zu entwerfen, was der National Banking Act von 1863 werden sollte.

Zweck des National Banking Act war es, den Bankern die Kontrolle über die Geldausgabe zu geben. Dieses Monopol könnte zu Profitzwecken genutzt werden, und im Bürgerkrieg wären diese Profite substanziell.

Der Unterschied zwischen Lincoln und der Geldmacht war im wesentlichen, ob das Tauschmedium (umwandelbare Banknoten und nicht umwandelbare Bankenkredite, die durch Schecks transferiert werden), von einem privaten oder staatlichen Monopol geschaffen und ausgegeben werden sollte. Mit anderen Worten, ob die Macht der Regierung einer Banken-Elite untergeordnet ist oder Banker der Regierung, was, würde der Kongreß seinen Job anständig machen, auch bedeuten würde, daß sie der Macht des Volkes untergeordnet wären.

Ein außergewöhnlicher Brief von Senator John Sherman an die Rothschild-Brüder in London, datiert auf den 25. Juni 1863 (und an der Wall Street im Jahre 1863 geleakt), demonstriert das doppelte Spiel sogar "berühmter" und "hochangesehener" Politiker.

Sherman sah eine Chance, sich bei den vorherrschenden Weltbankiers seiner Zeit anzubiedern und machte internationalen Bankern die Möglichkeiten des vorgeschlagenen National Banking Act bekannt.

Auf den folgenden Seiten reproduzieren wir einen Brief der Gebrüder Rothschild (London) an Ikleheimer, Morton und Vandergould (Wall Street, New York), in dem der Empfang eines Briefes von Sherman besätigt wird und dessen Inhalt übermittelt. Diese Banker antworten den Gebrüdern Rothschild am 6. Juli 1863, inklusive Details des National Banking Act sowie einiger Einblicke in den Charakter von Senator John Sherman.

> *"London, 25. Juni 1863;*
>
> *Die Herren Ikleheimer, Morton and Vandergould*
>
> *Wall Street Nr. 3, New York, U.S.A.*
>
> *Geehrte Herren,*
>
> *Ein Herr John Sherman schrieb uns aus einer Stadt in Ohio, U.S.A., bezüglich des Profits, der im Nationalbankwesen dank eines kürzlich von ihrem Kongress verabschiedeten Gesetzes erzielt werden könnte; eine Kopie dieses Gesetzes liegt diesem Brief bei.*

Offensichtlich wurde dieses Gesetz entworfen auf Basis des Plans, der hier von der British Bankers Association formuliert und von dieser unseren amerikanischen Freunden empfohlen wurde als eines, das sich, sollte es verabschiedet werden, als hochprofitabel für die Bankenbruderschaft der Welt erweisen würde.

Herr Sherman erklärt, es habe noch nie solch eine Gelegenheit für Kapitalisten gegeben, Geld zu akkumulieren, wie sie von diesem Gesetz bereitgestellt wird. Es erlaubt der Nationalbank beinahe vollständige Kontrolle der Landesfinanzen. »Die wenigen, die das System verstehen«, sagt er, »werden entweder so an seinen Profiten interessiert sein oder so abhängig von seiner Gunst, das aus dieser Klasse kein Widerstand zu erwarten ist, während andererseits die große Masse der Leute, geistig unfähig, die enormen Vorteile zu verstehen, die das Kapital aus diesem System schlägt, seine Last ohne Murren tragen werden, und vielleicht sogar ohne zu vermuten, daß das System ihren Interessen abträglich ist.« ...

Ihre ergebenen Diener, Gebrüder Rothschild"

"New York City
6. Juli 1863
An die Gebrüder Rothschild, London, England.

Geehrte Herren,

Wir bitten um Kenntnisnahme, daß wir Ihren Brief vom 25. Juni erhalten haben, in dem Sie sich auf eine Mitteilung des ehrenwerten John Sherman aus Ohio beziehen unter Verweis auf die Vorteile und Profite eines amerikanischen Investments unter den Bestimmungen des National Banking Act.

Herr Sherman besitzt in ausgezeichneter Weise die charakteristischen Merkmale eines erfolgreichen Finanziers. Seine Veranlagung sieht so aus, daß er ungeachtet irgendwelcher Gefühle nie den Blick auf den Hauptgewinn verliert. Er ist jung, gerissen und ambitioniert. Er hat seinen Blick auf die Präsidentschaft der Vereinigten Staaten gerichtet und ist bereits Mitglied des Kongresses (er hat außerdem finanzielle Ambitionen). Er denkt zutreffenderweise, daß er viel zu gewinnen hat dadurch, sich mit Männern und Institutionen gut zu stellen, die über große finanzielle Ressourcen verfügen und manchmal nicht zu wählerisch in der Wahl ihrer Methoden sind, sei es, daß es um die Akquirierung von Regierungshilfen geht oder darum, sich selbst gegen unfreundliche Gesetzgebung zu schützen.

Was die Organisation der hiesigen Nationalbank und die Natur sowie die Profite eines solchen Investments betrifft, bitten wir um Kenntnisnahme unserer beigefügten, gedruckten Rundschreiben, siehe:

Jede Zahl an Personen, solange nicht weniger als fünf, dürfen eine nationale Bank organisieren.

Mit Ausnahme von Städten mit 6000 Einwohnern oder weniger, darf eine Nationalbank nicht weniger als 1.000.000$ Kapital haben.

Es sind private Firmen, organisiert für privaten Gewinn, die ihre eigenen Führungskräfte und Angestellten aussuchen.

Sie unterliegen nicht der Kontrolle durch staatliche Gesetze, mit Ausnahme derjenigen, die der Kongreß von Zeit zu Zeit vorschreiben mag.

Sie können sowohl Einlagen als auch Kredite zu ihren eigenen Gunsten empfangen. Sie können Bonds und Schatzanweisungen kaufen und allgemeinen Bankengeschäften nachgehen.

Um eine Nationalbank mit einem Kapital von 1.000.000$ zu gründen, bedarf es des Kaufes dieser Menge (im Nennwert) in US-Staatsanleihen.

US-Staatsanleihen können nun mit einem Preisnachlass von 50% gekauft werden, sodaß eine Bank mit 1.000.000$ Kapital zu diesem Zeitpunkt für nur 500.000$ gegründet werden kann.

Diese Bonds müssen im US-Schatzamt in Washington als Sicherheit für die Währung der Nationalbank hinterlegt werden, die von der Regierung an die Bank geliefert werden wird.

Die Regierung der Vereinigten Staaten wird 6% Zinsen auf die Anleihen in Gold zahlen, die halbjährlich zu zahlen sein werden. Man wird sehen, daß beim gegenwärtigen Preis für Anleihen der von der Regierung selbst gezahlte Zins 12% in Gold für sämtliches investierte Geld betragen wird.

Die US-Regierung wird - indem sie die vorgenannten Bonds, die beim Schatzmeister hinterlegt werden - auf Basis solcher Sicherheit die Bank, die die Bonds hinterlegt, mit der Nationalwährung zu einer jährlichen Zinsrate von nur einem Prozent pro Jahr ausstatten.

Die Währung wird von der US-Regierung in der Form von Greenbacks gedruckt dergestalt, daß die Leute den Unterschied nicht entdecken, obwohl die Währung nur ein Zahlungsversprechen der Bank darstellt.

Der Bedarf an Geld ist so groß, daß dieses Geld den Leuten zu einem Nachlass mit einer Rate von 10% innerhalb von 30 oder 60 Tagen über den

Bankthresen geliehen werden kann, was ungefähr 12% Zinsen auf die Währung bedeutet.

Der Zins auf die Bonds plus des Zinses auf die Währung, die von den Bonds abgesichert wird, plus unvorhergesehene Ausgaben des Geschäftes, sollten die Brutto-Einnhamen der Bank sich auf 28% bis 33 1/3% belaufen lassen.

Nationalbanken besitzen das Vorrecht, ihre Währungsmenge nach Belieben zu erhöhen oder einzuziehen und können selbstverständlich Darlehen gewähren oder zurückhalten, wie sie es für richtig halten. Da die Banken über eine nationale Organisation verfügen und leicht zusammenarbeiten können, wenn es um die Zurückhaltung oder Ausweitung von Darlehen geht, folgt daraus, daß sie durch vereintes Handeln bei der Ablehnung von Darlehen eine Knappheit im Geldmarkt erzeugen und in einer einzigen Woche oder sogar an einem einzigen Tag eine Verminderung des gesamten Warenangebots des Landes erzeugen können.

Nationalbanken zahlen keine Steuern auf ihre Bonds, auch nicht auf ihr Kapital oder ihre Einlagen.

Darum bittend, dies als streng vertraulich zu behandeln,

mit höchst respektvollen Grüßen,

Ikleheimer, Morton und Vandergould"[31]

Besonders wichtig war den internationalen Bankern, daß sie bei Lincoln Erfolg hatten. Sollte Lincoln öffentliche Kontrolle der Finanzen in den Vereinigten Staaten einführen, würde andere Nationen mutiger, ihren Bankern die Finanzmacht zu entreißen.

Europäische Banker, vor allem die in England, mobilisierten gegen Lincoln und nutzten kommerzielle Bankenkanäle, um US-Banker zur Unterstützung zu drängen. Das "Legal Tender Bill", das Lincoln wünschte, wurde intensiver Lobbyarbeit in Washington unterzogen und mit dermassen vielen Zusätzen überladen, daß es nutzlos wurde. Ein Zusatz verlangte, daß Zinsen auf Bonds und Banknoten - bloße Papierschnipsel - zweimal pro Jahr in Gold bezahlt werden. Die Erstickung durch lächerliche Zusätze war erfolgreich. Die Niederlage des Legal Tender Bill im Jahre 1862 wurde gefolgt von einem Gesetzesentwurf, der es Banken erlaubte, private

---

[31] John R. Elsom, *Lightning Over the Treasury Building (or an expose of our banking and currency monstrosity, Americas most reprehensible and un-American racket)*, (Boston: Meador Publishing Co., 1941), S. 53-55.

Banknoten mit einem Wert unter fünf Dollar innerhalb des Distriktes von Columbia auszugeben, ein erster Schritt in Richtung einer privat kontrollierten Versorgung mit Fiatgeld.

Am 23. Juli 1862 legte Lincoln sein Veto gegen das "Private Bank Note Bill" ein - auf der Grundlage des Argumentes, daß es in den Verantwortungsbereich der Bundesregierung falle, ein Umlaufmedium bereitzustellen und daß United States Notes die Funktion kleiner privater Banknoten ebenso gut erfüllen könnten. Dieses Veto war Lincolns Herausforderung an die Bankeninteressen.

Lincoln war ein bissiger Banker-Kritiker. Eine Delegation New Yorker Bankiers reiste nach Washington, um Lobbyarbeit zugunsten des Legal Tender Bill zu betreiben. Der Schatzmeister stellte die Delegation vor wie folgt:

> *Diese Gentlemen aus New York sind gekommen, um den Finanzminister wegen unseres neuen Kredites zu sehen. Als Bankiers sind sie dazu verpflichtet, unsere nationalen Sicherheiten zu halten. Ich kann mich für ihren Patriotismus und ihre Loyalität verbürgen, dafür, wie es im guten Buch heißt, "daß dort, wo der Schatz liegt, auch das Herz liegen wird."*

Lincoln antwortete: *Es gibt einen anderen Text, den ich anwenden könnte: "Wo immer der Leichnam liegt, werden sich die Adler versammeln."*[32]

Lincolns Plan für eine Landeswährung stand den internationalen Bankern entgegen, die zu dieser Zeit planten, das private Goldstandard-Geld der Bank of England auf die USA auszudehnen. Später im 20. Jahrhundert wendeten sich die Banker dem Fiatgeld zu, das nicht von Gold gedeckt ist, aber in der Mitte des 19. Jahrhunderts bot das Gold-Silber-System mehr Gelegenheiten zu persönlichem Profit.

Lincoln schlug vor, daß anstelle der Regierung, die Papier- bzw. geliehenes Geld von den Bankern bekommt, diese Münzen oder Gold vom Schatzamt leihen. Auf diesem Weg wären die Bankeninteressen unfähig, fiktiven Wohlstand mittels der Druckerpresse zu erzeugen.

Der National Bank Act wurde den USA vorgestellt, um Geld für den Bürgerkrieg aufzutreiben und finanzielle Stabilität zu erreichen. Diesem Gesetz zufolge könnten x-beliebige fünf Personen eine Bank mit einem Kapital von 50.000 Dollar oder mehr gründen. Nach Deponierung verzinster Bonds in Höhe eines Drittels des eingezahlten Kapitals beim Schatzamt der Vereinigten Staaten würde die Regierung Nationalbank-Zertifikate im Auftrag der Bank in Höhe von 90% des Teilwertes der Bonds drucken.

---

[32] ebda.

44

Diese Nationalbank-Zertifikate könnten dann von der Bank genutzt werden, um Bankgeschäfte zu betreiben und den vollen Profit dafür zu erhalten, als ob es sich um die eigenen Geldscheine der Bank handelte. Weiterhin erhielt die Bank von der Bundesregierung Zinszahlungen in Form von Goldmünzen für Bonds, die im Schatzamt hinterlegt sind.

Mit anderen Worten machten die Banker doppelten Profit. Erstens durch Zinsen, die auf von der Regierung ausgegebenes Geld erhoben werden und zweitens durch die Zinszahlungen auf die Bonds in Gold. Der National Banking Act war eine bombensichere Geldkuh für jeden, der ins Bankengeschäft einsteigen wollte.

Einmal mehr erhob die Jefferson-Jackson'sche Tradition ihre Stimme. Sie behauptete, das Nationalbanken-System liefe auf eine noch stärkere Zentralisierung der Geldmacht hinaus als die Bank of the United States - gegen die Andrew Jackson sein Veto eingelegt hatte.

Dieses Mal war die Geldmacht viel besser organisiert. Das Nationalbankengesetz war nur drei oder vier Tage im Senat und nur zwei im Repräsentantenhaus, bevor es zu einem besonders kritischen Zeitpunkt im Bürgerkrieg durchgewunken wurde. Das Gesetz wurde von Präsident Lincoln am 25. Februar 1863 unterzeichnet.

Kapitel 7:

DAS GELDKARTELL ERSCHAFFT DIE FED

Wie würde es ihnen gefallen, das *Wall Street Journal* eine Woche vor seiner Veröffentlichung zu erhalten?

Manche Leute genießen dieses Privileg; zwar keine Ausgaben des *Wall Street Journal* im Vorfeld lesen zu können, aber Vorwissen über die Politik der Federal Reserve zu besitzen... wie sie morgen, nächste Woche, nächsten Monat und nächstes Jahr aussehen wird.

Von Zeit zu Zeit gibt die Fed Erklärungen ab; vor der Erklärung müssen sie sich entscheiden, was sie erklären. Sie kommen zusammen, sie diskutieren, sie schmieden Pläne und geben dann Stellungnahmen ab.

Die Treffen sind stets geheim und nur den Fed-Direktoren bekannt. Jedenfalls könnten wir - wüßten wir, was der Vorsitzende Alan Greenspan ankündigen wird hinsichtlich Geld- und Kreditpolitik, wie hoch der Diskontsatz oder der Leitzins sein wird - schnell ein Vermögen machen, da dieses Wissen Einfluß auf die Raten der Schatzanweisungen haben wird, auf die Märkte für Metalle, den Aktien- und Immobilienmarkt.

Das Federal Reserve-System ist ein *privates* System, das den Banken gehört - und nur Banken diese Informationen im Vorfeld gibt.

Die Idee für die Fed wurde auf einer kleinen Insel im atlantischen Ozean vor der Küste von Glynn County, Georgia, entwickelt. Damals, im Jahre 1910, war Jekyl Island ein privater Club, der von einer elitistischen Gruppe aus Wall Street-Finanziers als Rückzugsort genutzt wurde, um private Geschäfte abseits der Ohren der Öffentlichkeit zu diskutieren. Es war auf dieser Insel namens Jekyl Island, als das Geldkartell seinen Plan für die Zustimmung des Kongresses zu einem Geldmonopol schmiedete.

Die öffentliche Meinung in Amerika um die Jahrhundertwende stand der Vorstellung einer Zentralbank feindlich gegenüber und lehnte generell mehr Macht für Wall Stree-Interessen ab. Doch eine Zentralbank nach europäischem Muster bot ungeheure, bombensichere Profite für jede Finanzgruppe, die den Kongreß dazu bringen könnte, ein Gesetz für eine Zentralbank zu verabschieden. Ein elastisches Fiat- und Kreditsystem bot Macht, die Gold und Silber als strenge Auflagen für das Finanzsystem nicht zuließen.

Das geheime Treffen auf Jekyl Island drehte sich darum, eine Zentralbank in den Vereinigten Staaten zu etablieren, getarnt als regionales Bankensystem ... während die Banker öffentlich Widerstand gegen etwas leisteten, was sie privat vorschlugen.

Diese Verstellung war so erfolgreich, daß - dem Privatsekretär Woodrow Wilsons, Joseph Tumulty, zufolge - letzterer, als er den Federal Reserve Act unterschrieb, tatsächlich glaubte, er würde den Wall Street-Interessen Macht entziehen.

Als Präsident Wilson 1911 Gouverneur von New Jersey war, erklärte er:

> *Das größte Monopol in diesem Land ist das Geldmonopol. Solange es existiert, brauchen wir über unsere alte Bandbreite an Freiheit und individueller Entwicklungsenergie nicht zu reden.*
>
> *Eine große Industrienation wird von ihrem Kreditsystem beherrscht. Unser Kreditsystem ist konzentriert. Das Wachstum der Nation und alle unsere Aktivitäten befinden sich deshalb in den Händen weniger Männer ...*
>
> *Das ist die wichtigste Frage von allen: und ihr müssen sich alle Staatsmänner mit ernster Entschlossenheit stellen, um der fernen Zukunft und den wahren Freiheiten freier Menschen zu dienen.* [33]

Wilson mag seine eigene Aussage geglaubt haben, daß das Federal Reserve-System "der Schlusstein des großen Gewölbes der demokratischen Regierung" sei. [34] Wie sieht denn die Wirklichkeit hinter dieser Finanzmacht aus, die vor hundert Jahren als "Geldkartell" oder "Geldmacht" bekannt war, heute als elitäre Gruppe, die von einer Zentralbank profitiert?

Um diese Frage zu beantworten, müssen wir in der Geschichte zurückgehen und einen Blick auf die Kartelle des 19. Jahrhunderts werfen sowie die finanzielle Spitze der Kartellpyramide, wie sie im ersten Jahrzehnt des Zwanzigsten Jahrhunderts existierte.

Zwischen 1870 und Ausbruch des Ersten Weltkrieges konzentrierte sich die amerikanische Industrie unter der Kontrolle oder dem Einfluß einer Handvoll Financiers, hauptsächlich in New York. John Moody, Herausgeber des Standardwerks *Moody's Manual of Corporation Securities*, hielt die Kartellisierung der amerikanischen Industrie in einem monumentalen Werk aus Statistiken und

---

[33] Louis D. Brandeis, "Other People's Money; and How Bankers Use It", (New York: Frederick A. Stokes Co.) S. 1.

[34] Joseph P. Tumulty, "Woodrow Wilson as I Knew Him" (New York: Doubleday, 1921).

Beweismaterial fest.[35] Moody war ein verständnisvoller Beobachter und erachtete - so wie Clarence Barron[36], ein anderer genauer Beobachter - Kartelle als sowohl nützlich wie unvermeidbar.

Kritik an Industriekartellen war weit verbreitet. John Moodys *The Truth About Trusts* ["Die Wahrheit über Kartelle", Anm. d. Übersetzers] mit seiner Fülle an Details demonstrierte die durchdringende Macht des Geldes, das die Stahl-, Buntmetall-, Öl-, Tabak-, Schiffahrts-, Zucker- und Eisenbahn-Industrien dominierte - genauer die Macht von J.P. Morgan, der Rockefeller-Brüder, Edward Harriman, John McCormick, Henry Havemeyer und Thomas F. Ryan.

Verfolgt man die frühe Geschichte des Strebens nach einer amerikanischen Zentralbank seitens der "Geldmacht", stechen zwei historische Episoden hervor:

(1) Die Finanzpnaik von 1907, die von den Bankern und ihren Verbündeten genutzt wurde, um die Notwendigkeit einer Zentralbank zu unterstreichen (obwohl die Panik von der Wall Street hervorgerufen wurde, was erst viele Jahre später bewiesen wurde).

(2) der kometenhafte Aufstieg des deutschen Bankiers Paul Warburg mit seinem missionarischen Eifer, für eine Kopie der Deutschen Reichsbank in den Vereinigten Staaten zu werben.

1907 gab es noch einige wenige Kapitalisten, die bereit waren, die Wall Street herauszufordern und ihren eisernen Griff auf die Finanzmacht infrage zu stellen. Unter diesen Outsidern befand sich der Kupfermillionar Fritz Augustus Heinze aus Montana, der als hauptsächliches Ziel der Panik von 1907 ausgesucht wurde. Heinze brachte sein Kupfervermögen nach New York und schloß sich mit C.W. Morse vom Ice Trust zusammen. Gemeinsam erlangten sie Kontrolle über die Mercantile National Bank, indem sie die Vermögenswerte der Bank of North America verwendeten, die bereits von Morse beherrscht wurde.

Heinze und Morse erlangten dann die Kontrolle der Knickerbocker Trust Company, die mit der Trust Company of America und dem Lincoln Trust verbunden war. Dann gründeten sie ein spekulatives Vehikel, die United Copper Company. Es waren Spielchen am Aktienmarkt mit United Copper, die die Krise von 1907 herbeiführten. Banken unter Kontrolle des "Geldkartells" forderten ihre Kredite an United Copper

---

[35] John Moody, "The Trust About The Trusts" (New York: Moody Publishing Company, 1904).

[36] Clarence W. Barron, "They Told Barron" (New York: Harper & Brothers, 1930).

zurück und starteten einen Run auf die von Heinze und Morse übernommene Mercantile National Bank. Heute wird allgemein anerkannt, "daß die Panik von 1907 ausgelöst wurde durch das Ringen, Heinze loszuwerden."[37]

1913 wurden das Geldkartell und die Panik von 1907 vom Pujo-Komitee untersucht, das die enorme Macht der Firma J.P.Morgans dokumentierte.[38]

In den Jahren von 1900 bis 1920 wurde das Geldkartell de facto von der Bank J.P. Morgans kontrolliert, bestehend aus Morgan selbst bis zu seinem Tod im Jahre 1913, dann seinem Sohn, J.P. Morgan, Jr. sowie den zwölf bis fünfzehn Partnern der Firma in Kooperation mit ihren Rockefeller-, Harriman- und Kuhn Loeb-Verbündeten. Nach einer ausgedehnten, dokumentierten Untersuchung kam das Pujo-Komitee von 1912 zu folgendem Schluß mit Blick auf das "Geldkartell":

> *Weitaus gefährlicher als alles, was uns in der Vergangenheit bezüglich der Eliminierung von Wettbewerb in der Industrie geschah, ist die Kontrolle des Kreditwesens durch die Dominanz dieser Gruppen in Banken und Industrien.*
>
> *Es ist unmöglich, einen Wettbewerb zu haben bei all den Einrichtungen zur Schaffung von Geld oder zum Kauf großer Anteile von Bonds in den Händen dieser wenigen Banker sowie ihrer Partner und Verbündeten, die zusammen die Finanzpolitik der meisten existierenden Systeme dominieren*
> *...*
>
> *Die Handlungen dieser inneren Gruppe, wie sie hier beschrieben werden, wirkten sich auf den Wettbewerb nichtsdestoweniger zerstörerischer aus als alles andere, was die Kartelle erreicht haben, da sie die lebenswichtigen Organe potenziellen Wettbewerbs in jeder Industrie treffen, die von ihnen protegiert werden - ein Zustand, der, sollte er aufrecht erhalten werden,*

---

[37] *Dictionary of American Biography*, Frederick Heinze. *Das Engineering and Mining Journal* kommentierte, "Dies war der Anfang der Panik von 1907".
[38] US-Kongreß, *Committee on Banking and Currency* [Komitee für Banking und Währung, Anm. d. Übersetzers], *Untersuchung des Geldkartells* (Washington, D.C., 1913) sowie das *Committee to Investigate the Concentration of Control of Money and Credit* [Komitee zur Untersuchung der Konzentration von Kontrolle über Geld und Kredit, Anm. d. Übersetzers], *Bericht*. (62nd Congress, 3rd session. House Report No. 1593), bekannt als der "Bericht des Pujo-Komitees".

sämtliche Versuche unmöglich machen werden, normale Wettbewerbsbedingungen in der Welt der Industrie wiederherzustellen.[39]

In der öffentlichen Debatte um die Schaffung eines Federal Reserve-Systems in den Vereinigten Staaten wurde der Crash von 1907 wiederholt als Argument für die Einrichtung einer Zentralbank in den Vereinigten Staaten genutzt. Die Fed wurde als Weg beworben, Finanzpaniken zu stoppen. Jedenfalls wurde die Panik von 1907 absichtlich vom "Standard Oil-Völkchen" und der Firma Morgans erzeugt.

Mit anderen Worten: Dieselbe Gruppe, *die von einer Zentralbank zu profitieren gedachte, erzeugte die Panik, um die Wählerschaft davon zu überzeugen, eine Zentralbank sei notwendig.*

Wie gut dieses private Monopol seine Macht in den Jahrzehnten seit 1913 aufrecht zu erhalten vermochte, darüber lieferte ein Bericht von Mitarbeitern des Kongresses von 1976 Schlußfolgerungen. Nachdem die geschlossene Gesellschaft der Direktoren des Federal Reserve-Systems Mitte der 70er Jahre identifiziert wurde, schloß diese Untersuchung des Kongresses:

> *Kurz gefaßt sind die Direktoren der Federal Reserve offensichtlich Repräsentanten einer kleinen elitären Gruppe, die einen großen Teil des Wirtschaftslebens dieses Landes dominiert.*[40]

Wichtig anzumerken ist, daß die Federal Reserve ein privates System mit privaten Aktionären darstellt. Dem Geldkartell des 19. Jahrhunderts wurde ein legales Monopol gewährt, während fast der gesamte Rest aller anderen Industrien dem Sherman Antitrust Act unterworfen ist [Sherman Antikartell-Gesetz, Anm. d. Übersetzers]. Es ist ein Monopol, und Monopole bedürfen politischer Macht, um zu überleben. Es ist also wert notiert zu werden, daß Schriften über die Federal Reserve die private Eigentümerschaft übergehen, obwohl der wichtigste Aspekt der Federal Reserve, der öffentlich diskutiert werden muß, ihre private Natur ist, wem was gehört und welche Vorteile aus der Eigentümerschaft folgen.

Wo J.P. Morgan 1907 in den Führungsgremien der Finanzen von New York City saß, saß David Rockefeller in den 1970ern und heute Alan Greenspan. Das *Wall Street Journal* zeigte 1977 auf, wie diese Insider vertrauliche Informationen der Fed zum

---

[39] *The Story of our Money*, S. 187.

[40] US-Kongreß, Repräsentantenhaus, "Committee on Banking, Currency and Housing". "Federal Reserve Directors: A Study of Corporate and Banking Influence." August, 1976. (94th Congress, 2nd session). Washington, U.S. Government Printing Office, 1976.

persönlichen Vorteil nutzten. 1907 war es J.P. Morgan, der den Finanzminister für ein persönliches Gespräch zu sich rief. 1980 beruft David Rockefeller Henry Kissinger ein.

Wie zog das Geldkartell diesen Coup durch - die Etablierung einer Zentralbank unter ihrer Kontrolle in einem Land, daß dieser Vorstellung diametral entgegenstand? Richter Brandeis beschreibt den Prozeß wie folgt:

> *Die Entwicklung unserer Finanzoligarchie, ... mit der die Geschichte des politischen Despotismus uns vertraut gemacht hat - eine Usurpation, gefolgt von gradueller Vereinnahmung statt gewaltsamer Akte; und durch "subtile und oftmals lange geheimgehaltene Konzentration."*

> *Es waren Prozesse wie diese, durch die Caesar Augustus Meister von Rom wurde. Die Väter unserer Verfassung hatten ähnliche Gefahren für unsere politische Freiheit im Hinterkopf, als sie sorgfältig für die Trennung von Regierungsbefugnissen sorgten.* [41]

Die Firma J.P.Morgans, die das Geldkartell beherrschte, verstand diesen Prozeß einer "subtilen" und "graduellen Vereinnahmung" perfekt. Das Unternehmen opponierte dem Federal Reserve-Gesetz, das es privat zusammenbastelte, sogar *öffentlich*.

Die Partner Morgans verstanden diesen Prozeß und wurden sorgfältig ausgesucht. Im Austausch für absolute Loyalität erhielten sie garantierte Gelegenheiten, persönliche Reichtümer aus der politischen und finanziellen Macht des Monopols zu schlagen. Obwohl Morgan offiziell nur Seniorpartner war, hielt er in der Firma letztlich die oberste und absolute Macht in Händen.

Nur wenige Partner Morgans gingen in die Politik. Die meisten zogen es vor, im Stillen hinter den Kulissen zu arbeiten. In der Zeit zwischen 1900 bis 1930 bildeten vier Partner Ausnahmen von dieser Regel, und indem wir ihren politischen Bewegungen nachspüren, können wir heute identifizieren, wie sie ihre Doppelzüngigkeit einsetzten, um Ziele zu erreichen

Diese vier Partner waren E.P.Davison, Dwight Whitney Morrow, Edward R. Stettinius und George W. Perkins. In einem früheren Buch hatten wir beschrieben, wie die Firma Morgans die Bolschewistische Revolution manipulierte, sodaß sie unabhängig davon, wer in Russland gewinnt, davon profitiert hätte.

Morgan-Partner Davison war Kopf des "Red Cross War Council" [Kriegsgremium des Roten Kreuzes, Anm. d. Übersetzers] und arbeite mit W. Boyd Thompson zusammen,

---

[41] *The Story of Our Money*, a.a.O.., S. 188-89.

einem anderen Verbündeten Morgans, der der bolschewistischen Seite der Revolution mit Finanzspritzen half. Dwight W. Morrow nutzte seinen Einfluß, um Waffen und diplomatische Unterstützung für die Bolschewisten zu erhalten (wir hatten ein Memorandum Morrows in *Wall Street and the Bolshevik Revolutiion* abgedruckt). Thomas Lamont wiederum nutzte seinen Einfluß in London, um die englische Position gegenüber den Bolschewisten zu glätten.

Doch gleichzeitig halfen die Firma Morgans und ihre Partner auch der Weißen Armee, die gegen die Bolschewisten kämpfte und spielten eine wichtige Rolle bei der Intervention in Sibirien.

Morrow zog sich in den 1920ern aus seiner Partnerschaft in Morgans Firma zurück und wurde nach einem Jahr als Vorsitzender des Aircraft Board US-Botschafter in Mexiko (1927-1930), 1931 dann US-Senator. Stettinius beaufsichtigte *sämtliche* Kriegseinkäufe der Vereinigten Staaten im Ersten Weltkrieg - zum erheblichen Vorteil von Firmen, die von Morgan dominiert wurden.

George Perkins war 1912 einer der Gründer und dann Vorsitzender des Executive Committee der Progressive Party - ein politisches Vehikel Morgans, um die republikanische Partei zu spalten und Woodrow Wilson ins Weiße Haus zu bringen. David Rockefeller nutzte dieselbe Taktik bei John Ackerson in der Wahl von 1980.

Das Werkzeug, das von der Firma Morgans zur Kontrolle des amerikanischen Finanzwesens und der Industrie verwendet wurde, war der Voting Trust. Die Handvoll Direktoren, gewöhnlich drei in einem Voting Trust, wurden von J.P.Morgan persönlich ausgesucht. Diese Direktoren, Mitglieder von Morgans innerem Zirkel sowie dann wiederrum die Voting-Direktoren wählten Direktoren von Banken und Unternehmen aus.

Somit saßen im Voting Trust des Guaranty Trust zwei Partner Morgans: Thomas W. Lamont und William H. Porter, plus George F. Baker, der Präsident der von Morgan kontrollierten First National Bank war. Diese Gruppe wählte weitere Direktoren des äußeren Zirkels des Guaranty Trust aus, und letzterer wiederrum kontrollierte zahlreiche Firmen, kleinere Banken und Finanzinstitutionen.

Dieser Morgan-Komplex war 1912 in der Lage, Wall Street-Banken zu dominieren - und somit das Geldkartell. Morgan-Kontrolle war denkbar einfach, basierend auf einem machtpyramidalen Prinzip. Morgan-Partner wählten Direktoren großer Finanzinstitutionen aus, und im Gegenzug für die Privilegien dieses Postens war die Loyalität dieser Direktoren des äußeren Zirkels gegenüber der Firma Morgans garantiert. Diese Finanzinstitutionen wiederum kontrollieren industrielle und Eisenbahn-Kartelle sowie Kombinationen davon. Das System funktionierte im späten

19. und frühen 20. Jahrhundert sehr gut. So sahen Woodrow Wilson und Colonel House dieses "Geldkartell":

> *Ich denke, daß Woodrow Wilsons Bemerkung, das "Geldkartell" sei eines der schädlichsten von allen, überaus richtig ist ... wenige Individuen und ihre Satelliten kontrollieren die führenden Banken und Kartellfirmen in Amerika ... sie kontrollieren außerdem die führenden Unternehmen ...* [42]

Das Geldkartell wurde 1913 als Federal Reserve-System legalisiert, ein passend unverfänglicher Name, der die Tatsache verschleiert, daß es sich um eine private Zentralbank handelt.

Die Geschichte des Systems kann durch drei Stadien nachverfolgt werden: der ursprüngliche Plan, der 1910 im Geheimen entworfen wurde, die Unterstützung für Woodrow Wilson als Präsidentschaftskandidat durch die Geldmacht und schließlich - was wir nur als illegal bezeichnen können - die Verabschiedung des Federal Reserve-Gesetzes durch den Kongress.

Der Abgeordnete Lindbergh aus Minnesota, Vater des weltberühmten Fliegers, war einer der beständigsten und feurigsten Kritiker der Morgan-Gruppe während seiner zehn Jahre im Repräsentantenhaus. Von ihm wird gesagt, daß er der einzige Mann im Kongreß gewesen sei, der die gesamten zwanzig Bände der Aldrich Monetary Commission gelesen habe. Solch ein Niagarafall an Wörtern, mit dem Kongreßabgeordnete übergossen wurden, weckte unter vernünftigen Leuten den Verdacht, daß die dahinterstehenden Interessen es jenen Abgeordneten absichtlich unmöglich machten, ihn zu verdauen. Lindbergh sagte über den Aldrich Banking and Currency-Plan:

> *Der Aldrich Banking and Currency-Plan ist eine monströse Intrige, sämtliche Finanzen des Landes, öffentlich sowie privat, unter eine Kontrolle zu stellen. Er würde eine große, zentrale Verbindung mit fünfzehn Zweigen erschaffen, um alle Bundesstaaten einzuschließen ... er nähme niemanden als Mitglied auf außer Banken und Kartellfirmen und würde die kleineren darunter ausschließen. Der Rest der Welt wäre nicht nur davon ausgeschlossen, Aktien zu erwerben, sondern, wegen der Natur der Verbindung, ihrer Macht und Beziehungen zum Handel, wäre diese auch fähig, die Bedingungen zu diktieren, unter denen Geschäfte ablaufen sollten. Mit dieser Macht, konzentriert in großen City Banks, die wiederrum von den*

---

[42] Colonel E. M. House an Senator Culbertson (26. Juli 1911); Charles Seymour, *The Intimate Papers of Colonel House*, (Boston and New York: Houghton Mifflin Co., 1926-28), I. 159.

Kartellen und Geldmächten kontrolliert werden, stünden sowohl Politik als auch Geschäftsleben des Landes unter ihrem Diktat[43].

---

[43] zitiert nach *The Story of our Money*, a.a.O., S. 189.

ERSTE STUFE: DER URSPRÜNGLICHE PLAN FÜR
DAS FEDERAL RESERVE-SYSTEM

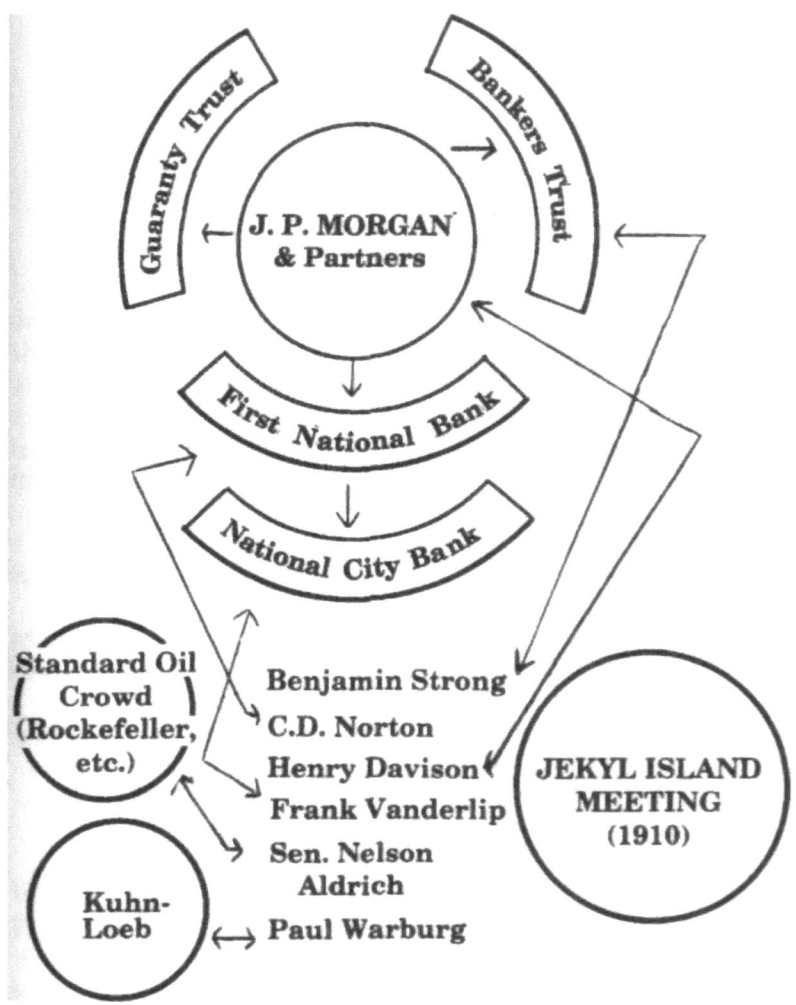

Kapitel 8:

DIE VERSCHWÖRUNG VON JEKYL ISLAND

Im Jahre 1910 trafen sich sechs prominente Wall Street-Finanziers auf Jekyl Island, um Pläne für ein Zentralbankensystem in den Vereinigten Staaten zu schmieden. Das Federal Reserve-System hat seinen Ursprung in einer Verschwörung. Eine "Verschwörung" wird definiert als ein *geheimes* Treffen zur Erreichung eines *illegalen* Zieles. Das Treffen war geheim, sechs Personen nahmen daran teil und es war illegal ... wie wir später zeigen werden.

Die sechs Verschwörer waren:

Senator Nelson Aldrich, Schwiegervater von John D. Rockefeller, Jr.;
Der Bankier Paul Warburg vo der deutschen Bank M.M.Warburg aus Hamburg sowie Kuhn & Loeb in den Vereinigten Staaten;
Henry P. Davison, Partner bei J.P.Morgan und Vorsitzender der Banker's Trust Company;
Benjamin Strong, Vizepräsident des Banker's Trust;
Frank Vanderlip, Vorsitzender der National City Bank;
Charles D. Norton, Präsident der First National Bank.

Die letztgenannten drei Banken waren in der Morgan-Gruppe; Warburg vertrat Kuhn & Loeb und Aldrich repräsentierte Rockefeller-Interessen sowie das "Standard Oil-Völkchen". Die Harriman-Interessen im Guaranty Trust wurden nach dem Tode Harrimans von der Morgan-Gruppe absorbiert.

Diese sechs dominierten Wohlstand und Finanzmacht und hatten beträchtlichen politischen Einfluß.

Das geheime Treffen auf Jekyl Island wurde von einem der Teilnehmer sogar in *verschwörerischen* Worten beschrieben:

Ungeachtet meiner Ansichten bezüglich des Wertes größerer Öffentlichkeit für die Gesellschaft, was die Angelegenheiten von Firmen betrifft, gab es gegen Ende des Jahres 1910 einen Anlaß, als ich so geheimniskrämerisch, ja sogar so verstohlen wie jeder Verschwörer war. Niemand von uns, der daran teilnahm, sah uns als Verschwörer; im Gegenteil, wir waren der Ansicht, patriotische Arbeit zu leisten. Wir halfen, einen Mechanismus zu planen, der die Schwächen unseres Bankensystems korrigiert, wie sie sich unter den Belastungen und Spannungen der Panik von 1907 zeigten. Ich denke nicht, daß ich übertreibe, wenn ich von unserer geheimen Expedition nach Jekyl Island als desjenigen Anlasses spreche, bei dem das konzipiert wurde, was schließlich das Federal Reserve-System werden sollte.[44]

Nach der Panik von 1907 wurden Pläne ausgearbeitet, um die Öffentlichkeit von der "Notwendigkeit" einer Zentralbank zu überzeugen. Zu diesem Zeitpunkt war Senator Nelson Aldrich der Schlüssel, ein vermögender Geschäftsmann, der durch die Heirat seiner Tochter Abby mit John D. Rockefeller, Jr. mit der Rockefeller-Familie verbunden war. Der ehemalige Vizepräsident Nelson Rockefeller war ein direkter Nachfahre dieses Zweiges der Rockefeller-Familie.

In der Ära nach der Panik von 1907 leitete Senator Aldrich eine Kommission des Senats zu monetären Fragen, die in Europa tourte, um europäische Zentralbanken zu studieren und diskutieren; vor allem das System der Deutschen Reichsbank. Aus diesem Ausflug ging Aldrich als *der* Experte des Kongresses in Sachen Bankenplanung hervor. Wenige entdeckten seine engen Verbindungen mit den Bankeninteressen.[45] Herbert L. Satterlee war Morgans Schwiegersohn und kommentiert als Insider Aldrichs enge Beziehungen mit dem Geldkartell und den Planungen für das Federal Reserve-System. Satterlee zufolge wandte sich Aldrich

... an Morgan, um Rat zu erhalten und während der nächsten zwei Jahre verbrachten sie viele Stunden zusammen, um ein systematisches Modell für die Bankenwelt dieses Landes zu entwerfen, von Küste zu Küste.[46]

Satterlee zufolge stellte J.P. Morgan "ihm (Aldrich) Harry Davison (Morgan-Partner) zur Verfügung, um bei den Details zu helfen", während Paul M. Warburg, der Partner von Kuhn & Loeb, "seine Dienste Senator Aldrich zur Verfügung stellte."[47] Dieses Triumvirat - Morgan-Aldrich-Warburg - war der Brennpunkt zur Planung der Einführung des Zentralbankwesens in den Vereinigten Staaten.

Die übrigen Verschwörer von Jekyl Island betraten später die Szene. Frank Vanderlip (den wir bereits zitiert haben) von der National City Bank war durch Heirat mit der Rockefeller-Familie verbunden und stieß zu Beginn des Jahres 1910 zur Gruppe, nachdem er einen Brief von Stillman erhalten hatte, Gründer und Vorsitzender der National City Bank. Dieser Brief bezog sich auf ein Treffen zwischen Stillman und

---

[44] Frank A. Vanderlip, Präsident der First National City Bank, "From Farm Boy to Financier" (New York: Appleton, 1935), S. 210.

[45] Siehe Ferdinand Lundberg, *America's 60 Families* (New York: Vanguard Press, 1937).

[46] Herbert L. Satterlee, *J. Pierpont Morgan: An Intimate Portrait* (New York: Macmillan, 1939), S. 493.

[47] Ebda., S. 550.

Aldrich in Europa bezüglich der Frage nach einer Zentralbank. Aus diesem Brief erfahren wir, daß die Verschwörer einen Code benutzten und Aldrichs Codename "Zivil" war. In seinem Buch schreibt Vanderlip:

> *Mr. Stillman schrieb mir, ich solle alles andere und meine gesamte Zeit einer gründlichen Erwägung der Sache unterordnen (d.h., dem Währungsplan) und einen Gesetzesentwurf für den Kongress ohne Wall Street-Anzeichen verfassen.[48]*

Vor allem anderen wußten die Verschwörer, daß sie absolute Geheimhaltung wahren mußten. Sollte irgendein Name der Wall Street jemals mit einem Federal Reserve-Gesetz für eine Zentralbank in Verbindung gebracht werden, wäre das der Todeskuß. Nicht nur wurden Codenamen angenommen, auch unternahmen einzelne Individuen große Anstrengungen, um öffentliche Kenntnis von ihren Treffen und Diskussionen zu vermeiden.

Hätte die Öffentlichkeit 1913 das gewußt, was wir heute wissen, hätte der Federal Reserve Act ohne jeden Zweifel keine Chance gehabt, Gesetz zu werden. Bezüglich der Frage nach öffentlichen Verdachtsmomenten wegen der engen familiären Bindungen in der Gruppe, deren desinteressierte Überparteilichkeit die Mitglieder behaupteten, schrieb Vanderlip:

> *Aber hätte die Wählerschaft das geglaubt? Ich stelle das in Frage. Um nur eine leise Vorstellung zu geben: Senator Aldrich war John D. Rockefeller, Jrs Schwiegervater und selber ein sehr reicher Mann. Ich schrieb einmal Woodrow Wilson in Princeton und lud ihn dazu ein, bei einem Dinner eine Rede zu halten. Weil ich ihn mit der Wichtigkeit des Anlasses beeindrucken wollte, hatte ich erwähnt, daß Senator Aldrich ebenfalls für eine Rede eingeladen wurde. Mein Freund Dr. Wilson erstaunte mich dadurch, zu antworten, er könne es nicht mit sich vereinbaren, auf demselben Podium zu sprechen wie Senator Aldrich. Er kam und hielt eine Rede, allerdings erst, nachdem ich ihm berichtet hatte, daß Mr. Aldrichs Gesundheitszustand ihm ein dortiges Erscheinen unmöglich machte. Nun stellen Sie sich vor, welche Art von Schlagzeilen es gegeben hätte wegen einer Geschichte, derzufolge Aldrich über eine neue monetäre Gesetzgebung referiert hätte - zusammen mit einem Partner Morgans (Davison) und dem Präsidenten der größten Bank (Vanderlip).[49]*

---

[48] Frank Vanderlip, a.a.O., S. 211.
[49] Ebda., S. 212.

Die von Stillman gegründete National City Bank ist deshalb von Bedeutung, weil einer ihrer Direktoren Cleveland Dodge war, die finanzielle Stromquelle und der Einfluß hinter Woodrow Wilson.

Woodrow Wilson, der den Federal Reserve Act durch seine Unterschrift zum Gesetz machte, war eine gezielte Schaffung der Geldmacht, der im Frühling 1912 bei einem Wochenendtreffen in Beechwood abgesegnet wurde, dem Anwesen Vanderlips bei Scarborough am Hudson River. Einem Beobachter zufolge bestand Wilson den Test, weil Vanderlip und William Rockefeller die Rolle amerikanischen Kapitals im Ausland in Anwesenheit Wilsons diskutierten[50]. Dies werden wir später ausführlicher schildern.

Die zentrale intellektuelle Figur bei der Erschaffung des Federal Reserve-Systems war kein amerikanischer, sondern deutscher Banker - Paul Moritz Warburg, ein Bankier, der 1868 in die Hamburger Oppenheim-Familie geboren wurde. Warburgs Vater war ein Partner im Bankhaus M.M.Warburg, gegründet 1798. Frühe Karrierestationen Warburgs waren Samuel Montagu & Co. in London und die *Banque Russe Pour He Commerce Etranger* in Paris. 1891 arbeitete Warburg in der familiären Bank in Hamburg und wurde 1895 Partner. 1902 ging er in die Vereinigten Staaten als Partner von Kuhn & Loeb, und trotz seines schlechten Englischs startete er eine Kampagne für das Federal Reserve-System. Der Plan kann in seinen Pamphleten gefunden werden, z.B. "Defects and Needs of our Banking System since 1907" sowie "A plan for a modified central bank" (1907). Im Jahre 1910 schlug Warburg einen Plan für eine United Reserve Bank vor, und ein Großteil dieses Planes wurde im Federal Reserve-System umgesetzt.

Das waren die Männer, die sich im Geheimen auf Jekyl Island trafen, um den ursprünglichen Entwurf des Federal Reserve Act zu schreiben.

Das geheime Treffen wurde von Frank Vanderlip festgehalten:

> *Da es für den Plan von Senator Aldrich fatal wäre, käme heraus, daß er jeden an der Wall Street dazu aufrief, ihm bei der Vorbereitung seines Berichtes und Gesetzesentwurfes zu helfen, wurden Vorsichtsmaßnahmen ergriffen, die das Herz von James Stillman erfreut hätten. Uns wurde gesagt, wir sollten unsere Nachnamen weglassen ... daß wir es vermeiden sollten, am Abend unserer Abreise zusammen zu dinnieren und einzeln sowie so unauffällig wie möglich zum Bahnhof an der Küste des Hudson in*

---

[50] John K. Winkler, *The First Billion*, (New York: Vanguard Press, 1934), S. 209-211.

New Jersey zu kommen, wo das Privatfahrzeug von Senator Aldrich bereit stünsw, angehängt an das Ende eines Zuges Richtung Süden.

Als ich zu diesem Wagon kam, waren die Jalousien zugezogen und nur dünne Fäden bernsteinfarbenen Lichtes zeigten die Form der Fenster. Als wir im Privatwagon waren, fiel uns das Tabu auf, mit dem Nachnamen belegt waren. Wir sprachen uns gegenseitig als "Ben", "Paul","Nelson" und "Abe" an. Davison und ich nahmen sogar noch tiefere Tarnungen an und legten unsere Vornamen ab. Basierend auf der Theorie, daß wir immer richtig lagen, wurde er Wilbur und ich Orville - benannt nach diesen beiden Luftfahrtpionieren, den Gebrüdern Wright.

Diener und Besatzung des Zuges mögen die Identitäten von einem oder zweien von uns gekannt haben, aber sie kannten nicht alle, und es waren sämtliche Namen, zusammen abgedruckt, die unsere mysteriöse Reise für Washington bedeutsam gemacht hätten, an der Wall Street, sogar in London. Eine Entdeckung, das wußten wir, durfte nicht passieren, sonst wären all unsere Zeit und unsere Bemühungen verschwendet gewesen. Wenn öffentlich bekannt geworden wäre, daß unsere besondere Gruppe zusammengekommen war und ein Bankengesetz geschrieben hatte, wäre dieses Gesetz vom Kongress nie verabschiedet worden.[51]

Der letzte Satz sagt aus dem Blickwinkel eines Insiders wirklich alles - *es war eine geplante Verschwörung.* Die amerikanische Öffentlichkeit würde niemals einer kleinen Gruppe ein Monopol über die Geldversorgung überlassen. Schließlich hatte der Sherman Antitrust Act ein Monopol zur Knebelung des Handels gerade erst illegal gemacht, und ein Geldmonopol war noch weniger akzeptabel.

Um öffentliches Wissen darüber zu verhindern, schlichen diese Banker mitten in der Nacht auf eine entfernte Insel, nutzten Codenamen und Tarnungen!

Vanderlip fährt fort mit seiner Beschreibung des geheimen Treffens und daß er und Strong diejenigen waren, die den sogenannten Aldrich Report geschrieben hatten sowie das dem Senat vorgelegte Gesetz. Interessant ist die vehemente Versicherung Vanderlips, die Banker handelten im Interesse des Landes als Ganzes statt aus Eigennutz.

Was diese Gruppe zu tun vorschlug - und 1913 auch tatsächlich tat - war der Austausch von Gold und Silber durch eine von ihnen kontrollierte Papierfabrik. Wie

---

[51] Frank Vanderlip, a.a.O., S. 213.

sowas als im Interesse der Öffentlichkeit liegende Handlung präsentiert werden konnte, entzieht sich wahrscheinlich dem Verständnis der meisten Leser.

Wir wurden per Boot vom Festland zu Jekyl Island gebracht und waren für eine Woche oder zehn Tage komplett abgeschottet, ohne jeden telefonischen oder telegrafischen Kontakt mit der Außenwelt. Wir waren aus der Welt auf eine einsame Insel verschwunden. Es gab eine Menge farbiger Diener, aber sie hatten keine Ahnung, wer Ben, Paul und Nelson waren; sogar Vanderlip, Davison oder Andrew hätte ihnen weniger als gar nichts gesagt.

Dort arbeiteten wir im Clubhaus - Wir kehrten ebenso heimlich in den Norden zurück, wie wir in den Süden aufgebrochen waren. Es wurde beschlossen, daß Senator Aldrich das Gesetz, das wir entworfen hatten, dem Senat vorlegt. Es wurde im Land als Aldrich-Plan bekannt. Aldrich und Andrew ließen uns in Washington zurück, und Warburg, Davison, Strong und ich gingen wieder nach New York.

Der Kongreß kam bald zusammen; aber an einem Samstag erfuhren wir in New York, daß Senator Aldrich krank war, zu krank, um ein geeignetes Dokument zu schreiben, das mit seinem Plan einhergeht. Ben Strong und ich gingen nach Washington und bereiteten diesen Bericht zusammen vor. Wenn das, was wir getan hatten, öffentlich bekannt gemacht worden wäre, wären die Bemühungen als ein Wall Street-Täuschungsmanöver geschmäht worden, was es sicher nicht war. Aldrich war nie ein Mann dafür, bloßer Diener der sogenannten Geldinteressen zu sein. Er war ein gewissenhafter, öffentlich gesinnter Mensch. Er wandte sich an uns, die wir Wall Street-Adressen hatten, weil er wußte, daß wir jahrelang Aspekte des Problems studiert hatten, mit denen klarzukommen seine öffentlihe Pflicht war.

Der von Vanderlip und Strong geschriebene Aldrich-Plan schaffte es nicht durch den Kongress. Er wurde abgewürgt. Ein angeschlagener Senator Aldrich ging in Rente und das Geldkartell war gezwungen, sich anderswo umzuschauen, um seine Pläne durch den Kongress zu bringen.

Der Direktor der National City Bank, Cleveland Dodge, war ein Klassenkamerad (1879, Princeton) von Woodrow Wilson. McCormick vom Harvestor Trust war in derselben Princeton-Klasse. Um die frühen 1900er Jahre herum war Wilson, mit Hilfe Cleveland Dodges, Präsident der Universität von Princeton geworden und Dodge ließ bekannt machen, daß die Wall Street Wilson als "präsidiales Material" ansah.

Ein geschmeichelter Woodrow Wilson wandte sich im Dezember 1906 schriftlich an den Journalisten George Harvey mit der Bitte, "die einflußreichen Männer" zu identifizieren, "die ihn als Stoff betrachteten, aus dem Präsidenten sind." Harvey antwortete, indem er zurückschrieb, daß es sich "um einige der einflußreichsten Banker, Unternehmer aus dem Versorgungssektor sowie konservative Journalisten des Landes" handele.[52]

Wilson hatte trotz seines öffentlichen Images als staksiger, eulenhafter Professor eine Lektion im Herzen gelernt: Wer weiterkommen will, muß man mit dem Strom schwimmen. Im März 1907 stellte George Harvey Woodrow Wilson Thomas Fortune vor, Mitglied des Kupferkartells und ein bekannter Financier. Nach diesem Treffen schrieb Wilson einen Brief im Auftrag des Wall Street-Establishments, in dem er den Kartellen akademische Unterstützung lieferte - aus Versehen, in totalem Widerspruch zu seinen öffentlichen Äußerungen.

Diese Wall Street-Kabale drängte - mit Hilfe der politischen Bosse von New Jersey - darauf, daß Woodrow Wilson im November 1910 Gouverneur von New Jersey wurde.

Innerhalb weniger Monate eröffnete Cleveland Dodge ein Bankkonto in New York und ein Büro an der Adresse 42 Broadway, um Wilson in die Präsidentschaft zu katapultieren. Das Konto der Kampagne wurde mit einem Scheck Dodges über einttausend Dollar eröffnet. Dann stellte Dodge Finanzmittel bereit, um die Zeitung *True American of Trenton, New Jersey* an 40.000 Abonnenten in den Vereinigten Staaten zu schicken, gefolgt von regelmäßig erscheinenden zwei Seiten pro Woche, die Werbematerial im Sinne von "Wilson for President" enthielten.

Zwei Drittel der Geldmittels von Wilsons Kampagne kamen von nur sieben Individuen, allesamt Wall Streeter und verbunden mit eben jenen Kartellen, die Wilson öffentlich schmähte. Wilsons Wahlkampfslogans bewarben ihn als Mann des Friedens, der sich gegen Kartelle und Monopole stelle. Dies waren die Finanzquellen seiner Kampagne:[53]

Cleveland Dodge (Direktor der National City Bank etc.): 51.300$
Henry Morgenthau (Financier): 20.000$
Cyrus PL McCormick (Harvester Trust): 12.500$
Abram I. Elkus (Wall Street-Anwalt): 12.500$
Frederick C. Penfield (Philadelphia Real Estate): 12.000$
William F. McCombs: 11.000$
Charles R. Crane (Crane Co., Chicago): 10.000$

---

[52] Ray Baker, *Woodrow Wilson: Life and Letters* (New York, Doubleday, Page & Co., 1927-39) Band 3, S. 365.
[53] Louise Overacker, *Money in Elections* (New York: Macmillan, 1932).

Wilson erhielt die Nominierung und schrieb dem "lieben Cleve" (Dodge) frohlockend: "Ich bin so glücklich, daß ich kaum denken kann!"[54] Wilsons Dankesrede wurde an Bord der *Corona* geschrieben, Dodges Jacht, während sie die Strategie für die kommende Präsidentschaftskampagne entwarfen.[55]

Kurz, Woodrow Wilson befand sich in den Händen des Geldkartells, belog die amerikanische Öffentlichkeit hinsichtlich seiner wahren Position gegenüber den Kartellen sowie der Wall Street und betrog die Jefferson'sche-Jackson'sche Tradition der Demokratischen Partei.

Wilson wurde zum Präsidenten gewählt. Die Stimmen waren kaum ausgezählt, als die Wall Street bereits herumwuselte, um eine "Währungsreform" zu arrangieren. Anfang Dezember 1912 hatte Colonel House bereits mit Schlüsselfiguren des Kongresses gesprochen, um sie hinter Wilson in Stellung zu bringen, und als Paul Warburg House am 12. Dezember 1912 anrief, sagte ihm der Colonel, der Plan sei fertig. In seinen Memoiren fügte House hinzu: "Ich wußte, daß der designierte Präsident in der Sache klar sah."[56]

Im März sprach Frank Vanderlip mit House, und zwei Wochen später traf eine Gruppe Banker im Weißen Haus ein - mit einer gedruckten Gesetzesvorlage für eine "Währungsreform", die Wilson dem Kongress vorlegen sollte. House legte nahe, es sei nicht klug, die Macht des Hauses Morgan mit einem vorab gedruckten Gesetzestext offen zur Schau zu stellen - also wurde der Federal Reserve Act an die Wall Street zurückgebracht und aus dem gedruckten Plan eine Kopie auf der Schreibmaschine angefertigt.[57] Das Federal Reserve-Gesetz war nun nur noch durch den Kongress zu bringen.

---

[54] Ray Baker, ebda.
[55] Ebda., S. 372.
[56] Charles Seymour, *The Intimate Papers of Colonel House* (Boston, New York: Houghton Mifflin Co., 1926-28), Band I, S. 161.
[57] Seymour, a.a.O., S. 161.

Kapitel 9:

DAS GELDKARTELL LEGT DEN KONGRESS REIN

Die Verabschiedung des Federal Reserve Acts durch den Kongress im Dezember 1913 muß zu den schändlichsten verfassungswidrigen Perversionen politischer Macht in der Geschichte Amerikas gezählt werden.

Es ist gewiß schwierig, sich irgendein anderes Gesetz vorzustellen, das eine größere Wirkung und einer verschwörerischen Gruppe illegalerweise mehr Monopolmacht verliehen hätte. Das sind harte Worte. Der Leser mag nach der Lektüre dieses Kapitels beurteilen, ob sie zutreffend sind: eine beinahe stundengenaue Auflistung der Verabschiedung des Gesetzes und seiner Unterzeichnung durch Präsident Wilson.

Das Gesetz übertrug die Kontrolle über die Geldversorgung der Vereinigten Staaten vom Kongress an eine private Elite. Fiat-Papiergeld ersetzte Gold und Silber. Wall Street-Financiers waren nun in der Lage, eine unerschöpfliche Zufuhr an Fiatgeld anzuzapfen - kostenfrei.

Doch wie Senator Townsend sagte: "Dieses Gesetz hatte seinen Ursprung in keiner Partei. Das Volk hat sich diesbezüglich nie und nirgendwo entsprechend geäußert."[58] Eine außergewöhnliche Lobbyarbeit umgab das Gesetz, ebenso wie heute, in den 1990er Jahren, eine gewaltige Menge Lobbyismus gegen jeden Versuch aufgebracht wird, die Fed einzuschränken oder gar einer Untersuchung zu unterziehen. 1913 geriet die Spitze der Demokratischen Partei unter starken Druck Woodrow Wilsons und New Yorker Banken-Lobbyisten, um sicherzustellen, daß Widerstand das Währungsgesetz nicht verwässert und es anderen privaten Interessenten erlaubt, Aktien zu erwerben.

Wohnen Sie der Beschwere von Senator Gilbert Minell Hitchcock bei, ein unabhängig gesinnter Gentleman aus Nebraska und Herausgeber des *Omaha World Herald*. Das Gesetz kam aus dem Repräsentantenhaus in den Senat:

> *Mr. HITCHCOCK: Wie es aus dem Haus kam, war es ein "geheiligtes Dokument", bei dem, wie ich schon sagte, es uns verboten war, auch nur ein "i" zu setzen oder "t" durchzustreichen.*
>
> *Mr. OWEN: Von wem?*

---

[58] Congressional Record: Senate, 8. Februar 1915.

Mr. HITCHCOCK: Und das ohne Anhörung und ohne große Untersuchung zu verabschieden uns befohlen wurde.

Mr. POMERENE: Herr Präsident, ich habe mich geraume Zeit in diesen geheiligten Hallen aufgehalten, habe aber nicht gehört, daß irgendjemand irgendeinem anderen verboten hätte, seine Ansichten zu ändern oder irgendein Gesetz zu kritisieren, das aus dem Repräsentantenhaus kam, oder irgendeines, das hier seinen Ursprung hatte. Jeder hat das Recht, seine Meinung zu ändern. Der Senator selbst hat seine Sichtweise mehrere Male geändert. Ich sage das nicht, um ihn zu diskreditieren, sondern nur um zu zeigen, daß er in all den Wochen ein freier moralischer Repräsentant war.

Mr. HITCHCOCK: Herr Präsident ...

Mr. OWEN: Der Senator aus Nebraska sagte uns nicht, wer ihm befohlen habe, kein "i" zu setzen oder ein "t" durchzustreichen, und ich wäre dankbar, wenn der Senator diese wertvolle Information enthüllen würde, solange sie nicht vertraulich ist.

Mr. HITCHCOCK: Ich denke, daß ich es dem Land überlassen werde, darüber zu urteilen. Ich werde dieses Risiko auf mich nehmen.

Mr. OWEN: Wenn der Senator damit zufrieden ist, das als Andeutung stehen zu lassen, ist es seine Sache, das zu tun.

Mr. HITCHCOCK: Ich werde mir diese Freiheit nehmen.[59]

Am 18. September 1913 wurde das Glass-Gesetz, die Repräsentantenhaus-Version des Morgan'schen Zentralbankengesetzes, vom Haus mit einem überwältigenden Verhältnis von 287 zu 85 verabschiedet. *Die meisten Kongreßabgeordneten hatten keine Ahnung, worum sich das Gesetz drehte. Es gab keine Zusätze. Mitglieder stimmten dafür oder dagegen, und nur die Mutigsten stimmten dagegen.* Dieses Glass-Gesetz wurde nach dem Kongreßabgeordneten Carter Glass (1858-1946) aus Virginia benannt - ein Banker (Direktor der United Loan and Trust sowie der Virginia Trust Company).

Das Glass-Gesetz kam dann in den Senat und wurde zum Owen-Gesetz, benannt nach Senator Robert Latham Owen (1856-1947) aus Oklahoma, Vorsitzender des Senate Finance Commitee - und ein Banker (ein großer Anteilsigner an der First National Bank in Muskogee).

---

[59] a.a.O.

Der Senat brauchte exakt viereinhalb Stunden, um über das Owen-Gesetz zu debattieren und es anzunehmen, mit einem Stimmverhältnis von 43 zu 25. Die Republikaner sahen den Konferenz-Bericht erst gar nicht. Dieser wird normalerweise den Anwesenden vorgelesen. Kein Mitglid des Senats konnte seinen Inhalt gekannt haben, und manche Senatoren sagten im Senat sogar aus, daß sie keine Kenntnis des Inhaltes des Owen-Gesetzes gehabt hätten.

Um 18:02 Uhr desselben Tages wurde das Gesetz ohne Diskussion durch den Senat gehuscht. Präsident Woodrow Wilson unterzeichnete den Federal Reserve Act von 1913 - er wurde zum Gesetz.

Eine genaue Überprüfung der Debatte im Senat weist darauf hin, daß die Senatoren keine Details hatten, über die sie hätten diskutieren können; jede Kritik blieb unbeantwortet. Der republikanische Senator Bristow (1861-1944) ließ bittere Kommentare zum offensichlichen Interessenskonflikt fallen:

> *Meine Anschuldigung lautet, daß dieses Gesetz im Interesse der Banken geschrieben wurde; daß der Senator aus Oklahoma, als Vorsitzender des Komitees, großes Interesse an Banken hat; daß die Profite, die direkt an diese Banken fließen werden, zu seinem persönlichen Vermögen beitragen werden; daß er dafür stimmte, die Dividenden auf die Aktien der regionalen Banken zu erhöhen, die den Mitgliederbanken ausgezahlt werden in einer Höhe von fünf bis sechs Prozent; daß er dagegen stimmte, der Öffentlichkeit zu erlauben, Aktien dieser Regionalbanken zu halten und darauf bestand, daß diese von den Mitgliederbanken gehalten werden; und daß er dagegen stimmte, der Regierung die Kontrolle der Regionalbanken zu geben und zugunsten der Banken, die diese Regionalbanken kontrollieren, und es liegt an ihm, zu sagen, ob er die Regel brach, die in Jeffersons Handbuch geschrieben steht.[60]*

Die Senatsdebatte, sofern sie ohne Sitzungsprotokoll überhaupt von Wert war, kulminierte in einem Test politischer Stärke am Montag, dem 15. Dezember 1913. Bei dieser Abstimmung wurden die Zusätze, die von Senator Hitchcock vorgeschlagen wurden - dem einzigen Demokraten, der gegen das Gesetz arbeitete - mit einem Verhältnis von 40 zu 35 eingebracht.

Hitchcocks Zusätze zielten darauf ab, aus dem Federal Reserve-System eher ein Regierungs- statt ein privates Monopol zu machen, d.h., die Kontrolle des Geldkartells hätte beim Schatzamt gelegen.

---

[60] a.a.O.

66

Es ist interessant, daß der Senat sich mit überwältigender Mehrheit weigerte, die Kontrolle über die Geldversorgung dem Schatzamt zu geben, sondern es vorzog, sie dem Haus Morgan zu übertragen. Colonel House hatte seine Arbeit gut gemacht.

Beim Wiederlesen der langen, ausschweifenden Debatte wurde die Wahrscheinlichkeit für Preisinflation erkannt. Streitpunkt war ein auf gesundem Menschenverstand basierender Ansatz, daß ohne Disziplinierung durch Gold und Silber der Druck unbegrenzten Fiatgeldes zu Preisinflation führen würde. Das einzige Argument dagegen war ein eher schwaches "solide Banker würden keine Preisinflation erlauben".

Beachten Sie bitte, daß wir den Begriff Preisinflation gebrauchen. 1913 bezog sich der Begriff Inflation immer auf "Währungsinflation", d.h., Entwertung der Geldscheine. In den seitdem vergangenen Dekaden hat sich die Bedeutung komplett verändert. Heute bezieht sich der Begriff Inflation *immer* auf Preisinflation, d.h. steigende Preise.

Der wichtigste Senator, der vor drohender Inflation (Währungsinflation) warnte, war Senator Root, der seltsamerweise Bryan, den Pro-Silber-Populisten, beschuldigte, der dominante Einfluß hinter dem Federal Reserve-Act gewesen zu sein (was höchst unwahrscheinlich ist und vermutlich ein Täuschungsmanöver).

Jedenfalls warnte Root vor Währungsinflation und Finanzpanik, verteidigte dann aber das Glass-Owen-Gesetz auf der Grundlage, daß keine Inflation entstehen könne, "solange die Menschen, die für gesundes Geld stehen und die die Banken betreiben, sie nicht herbeiführen."

Einmal mehr sehen wir eine durch die Geldmacht kontrollierte Opposition, d.h., es werden Argumente vorgebracht, denen einfach begegnet werden kann, während gleichzeitig gewährleistet ist, daß wirklich potente Kritikpunkte niemals das Tageslicht erblicken.

Heute wird der unbestreitbare Zusammenhang zwischen Währungsinflation und Preisinflation unter einem Geschwurbel aus akademischem Doppelsprech und algebraischer Manipulation begraben. Die akademischen Ökonomen von heute sind mathematischer Manipulation so sehr verbunden (unter dem trügerischen Plädoyer für Rigorosität), daß sie fundamentale ökonomische Wahrheiten komplett übersehen haben. Abgesehen von sehr wenigen Ausnahmen (Hillsdale College, Ludwig von Mises Institute an der Auburn-Universität) sind akademische ökonomische Fakultäten willige Schachfiguren des modernen Geldkartells oder des Federal Reserve-Systems (dieser Autor kann aus erster Hand die abgründige Ignoranz der UCLA-Fakultät in den frühen 1960ern bestätigen).

Die Antwort an Reed kam von Senator Hitchcock, der betonte, daß unter dem Gesetz "die Kontrolle des Währungssystems des Landes den Bankern übergeben werden müßte." Andere, wie z.b. Senator Weeks, waren unbesorgt - auf Basis des Argumentes, daß "die Vereinigten Staaten über die kompetentesten Banker der Welt verfügen". Andererseits war Weeks selber Banker.

Die letzte Rede an diesem Montagnachmittag kam vom Kongreßabgeordneten Mann aus Illinois, dem republikanischen Fraktionsvorsitzenden, der mit der eher merkwürdigen Aussage aufwartete, die USA befänden sich mitten in einer finanziellen und industriellen Panik, die die Verabschiedung des Federal Reserve-Acts erforderlich mache.

Dienstag, 16. Dezember 1913

In der Senatsdebatte am Dienstag betonte Senator Root noch einmal die aus dem Federal Reserve Act resultierende Gefahr der Inflation. Die ständigen Unterbrechungen legen laut der *New York Times* (17. Dezember) nahe, daß Unterstützer des Gesetzes öffentlich besorgt waren. In ihrer Erwiderung sagten sie, Inflation sei nicht möglich, wenn die ausgegebenen Sicherheiten gute Wertpapiere der Regierung wären - worauf Root antwortete:

> *Das ist kein Argument, was meine Kritik am Gesetz betrifft. Mein Einwand ist, daß das Gesetz eine gewaltige Inflation unserer Währung erlaubt und daß Inflation ebenso einfach und gewiß durch Kredite aus Staatspapieren bewerkstelligt werden kann, die auf guten Wertpapieren basieren, wie durch schlechte ...*

und er betonte, daß

> *niemand bestreitet, daß in der Vergangenheit von Zeit zu Zeit große Handelsnationen sich auf einer Flut von Optimismus mitschwimmen sahen, der sie, sofern die Möglichkeiten des billigen Geldes gegeben waren, bis an den Rand eines höchst schädlichen und ernsten Kollapses brachte.*

Root verstärkte sein Argument der "Flut von Optimismus" wie folgt:

> *... das Urteilsvermögen verändert sich durch den Optimismus der Stunde und wird immer weniger effektiv darin, die Expansion der Geschäftstätigkeit zu prüfen, je länger diese Expansion andauert.*

Er fügte folgendes Argument hinzu:

... statt unsere Pflicht als verantwortlicher legislativer Zweig der Regierung der Vereinigten Staaten zu erfüllen, drücken wir uns um diese Pflicht herum und erlegen sie einer untergeordneten Agentur der Regierung auf.

Unglücklicherweise trieb Root sein Argument nicht auf die Spitze, d.h., daß diese "untergeordnete Agentur der Regierung", wie er sie nannte, in Wahrheit ein privates Geldmonopol von Nationalbankern werden sollte.

Die allgemeine Antwort auf Warnungen vor Inflation bestand darin, sich auf die Existenz einer Goldreserve-Deckung der Geldversorgung zu stützen: der Vorschlag lautete 33 1/3 Prozent. Beispielsweise behauptete Senator Williams aus Mississippi, die von Senator Root gefürchtete große Inflation wäre nur eine "bloße mathematische Möglichkeit". Warum? Weil, so argumentierte Senator Williams, "es undenkbar wäre, daß ein Präsident ein Mitglied des Gremiums ernennen würde, das an Fiatgeld glaubt". Acht Jahre später ist, soviel zu Senator Williams, *jedes* einzelne Mitglied des Federal Reserve Boards und seiner regionalen Banken ein begeisterter Jünger des Fiatgeldes und ein Gegner von Gold! Zu Präsident Wilsons Zeit war es unmöglich, sich vorzustellen, die Rolle des Goldes könne jemals verschwinden. In der Ära Clinton ist es für politische Entscheider unmöglich, sich vorzustellen, Gold spiele überhaupt irgendeine Rolle.

Mittwoch, 17. Dezember 1913

Am Mittwoch kam der mächtige Druck hinter den Kulissen zugunsten des Federal Reserve Acts zum Vorschein, als das Weiße Haus ankündigte, daß es vom Senat erwarte, noch vor Samstag ein Währungsgesetz zu verabschieden und daß das Repräsentantenhaus diese Gesetzesversion des Senates ohne Änderungen akzeptieren und sie dem Präsidenten am Weihnachtsabend zur Unterzeichnung vorgelegt würde. Der Fehler dieses Huschhusch-Szenarios war, daß Senator Roots Warnungen vor Preisinflation am Mittwoch einigen Effekt hatten und während der kurzen Dinnerpause am Abend ein Ausschuß der Demokratischen Partei einberufen wurde, um zwei von Roots Vorschlägen in Betracht zu ziehen: (a) daß die Notenausgabe durch Gesetz begrenzt werden sollte und (b) daß die Goldreserven auf 50% erhöht werden sollten, belegt mit einer hohen Steuer im Falle von Ausdünnung unter dieses Niveau.

Nach der Diskussion wurde der Begrenzungszusatz abgelehnt, aber der Ausschuß übernahm den Vorschlag, die Goldreserve auf 40% zu erhöhen und gleichzeitig zum Erfordernis zu machen, daß ein Teil der Einnahmen der regionalen Reservebanken als Goldreserve zur Seite gelegt wird. Es ist interessant, festzustellen, daß die demokratische Mehrheit sich der disziplinierenden Wirkung von Gold sehr bewußt war und es 1913 nicht die Absicht des Kongresses war, diese Disziplinierung in irgendeiner Weise abzulehnen oder sogar zu beschränken. Kurz, der heutige Versuch, Gold dadurch zu demonetarisieren, es mit der Zeit aus dem Geldsystem zu verdrängen, wurde vom Kongress des Jahres 1913 nicht nur abgelehnt, sondern die Gefahren einer solchen Entwertung wurden als unheilvoll für das Wohlergehen der Vereinigten Staaten erkannt.

Sogar nach dem Ausschuß kam Kritik von ein paar Senatoren. Senator Crawford aus South Dakota mochte die privaten Aspekte des Monopols überhaupt nicht:

> ... *Sie erschaffen einfach nur eine Bank großer Banker, eine Bank, um großen Banken zu helfen, doch für die sie festlegen, die kleinen Banken trieben schon das Kapital auf. Den kleinen Banken wird einfach befohlen, Wasserträger für die großen Banken zu sein. Sie sagen den Vanderlips und Hepburns, den Morgans und den Reynoldses, "kommt ruhig mit eurem Kurzfristpapier und holt euch das Geld", aber Sie sagen den Smiths, Browns und Joneses aus den kleinen Landbezirken, "geht doch woanders hin mit eurem langfristigen Bauernpapier; wir können es nicht diskontieren."*

Der faszinierende Aspekt des Mittwochabends ist, daß, obwohl eine Mehrheit des Kongresses mehr oder weniger verstand, daß das System inflationär wäre, sie offenbar unwillig war, gegen das Gesetz zu stimmen.

Donnerstag, 18. Dezember 1913

Am Donnerstag war effektiver Widerstand zusammengebrochen, und um die Verabschiedung zu beschleunigen, arbeitete der Senat unter einer 15 Minuten-Regel. Dadurch wurde ein halbes Dutzend Zusätze von Hitchcock verworfen und anderen, die im Ausschuß der Demokratischen Partei am Abend zuvor vorgeschlagen wurden, wenig Aufmerksamkeit geschenkt. Die Debatte zeigt ernste Zweifel und Meinungsverschiedenheiten, gekoppelt mit Voraussagen, das "Curreny Bill" würde vor Weihnachten Gesetz und am Montag oder Dienstag der Folgewoche unterzeichnet. Die Opposition wurde auf eine falsche Fährte gelockt. Probleme wurden übersehen. Fundamentale Fragen, inklusive der Möglichkeit der Inflation, wurden von der Spitze übergangen. Man spürt beinahe einen Anflug von Panik - um ein "Währungsgesetz" zu verabschieden, egal um welchen Preis. Folgerichtig - obwohl das Gesetz als mangelhaft bekannt war - ließ die *New York Times* am Freitag, den 19. Dezember ihre Berichterstattung unter der Schlagzeile laufen: **"Ende der Anspannung wegen Währungsgesetz naht"** ["Near end of tight on currency bill", Anm. d. Übersetzers]. Das Weiße Haus kündigte prompt an, es denke bereits über verschiedene Personen für den Posten des Gouverneurs des Federal Reserve Board nach. Der erste Name, der vom Weißen Haus verkündet wurde, war James J. Hill von der Great Northern Railroad. Er wurde vom internationalen Banker James Speyer vorgeschlagen - was die Aktivität von Bankern hinter den Kulissen bestätigte.

Freitag, 19. Dezember 1913

Am Freitag, dem 19. Dezember, dem Freitag vor Weihnachten, als der Kongress eher an Weihnachts- als Geldbäume dachte, verabschiedete er Präsident Wilsons Währungsgesetz ohne weiteres Getue mit einem überwältigenden Ergebnis von 54 zu 34 Stimmen. Alle Demokraten im Senat plus sechs Republikaner sowie ein progressiver Republikaner stimmten für das Federal Reserve-System. 34 Republikaner stimmten dagegen. Als Beruhigungspille für Kritik enthielt das Gesetz einen sogenannten "radikalen Zusatz" - nämlich, daß Kongreßabgeordnete nicht in Federal Reserve-Direktorien dienen können.

Von den Bankern - was nicht unerwartet kam - wurde berichtet, die Verabschiedung des Gesetzes hätte sie "erleichtert" - sie wären aber nicht rundum zufrieden und drängten im Komitee immer noch auf Änderungen. William A. Gaston, Präsident der National Shawmut Bank, verbrachte einige Tage in Washington, um mit Mitgliedern des "House and Senate Currency Commitees" zu konferieren, und kommentierte: " ... *Die künftigen Sitzungsänderungen werden das Gesetz für die Banken funktionstüchtiger machen.*"

Edmund D. Hulbert, Vizepräsident der Merchants Loand and Trust Company, fügte dem hinzu: " *... insgesamt ist es ein solides Gesetz und wird viel dazu beitragen, Bankwesen und Währung auf eine stabile Grundlage zu stellen.*"[61]

W.M. Habliston, Vorsitzender der First National Bank of Richmond, sagte: "*Resultat wird eine elastische Währung sein, die Paniken verhindern wird*", und Oliver J. Sands, Präsident der American National Bank, kommentierte, daß

> *die Verabschiedung der Währungs-Maßregel einen vorteilhaften Effekt auf das Land insgesamt haben und ihr Einsatz dem Geschäftsleben helfen wird. Dies scheint mir der Beginn einer Ära des Wohlstandes zu sein ...*

Der einzige berichtete Einwand von Bankern kam von Charles McKnight, Präsident der National Bank for Western Pennsylvania: "*Es wird dem Land nicht gut tun ...*"

---

[61] *New York Times,* 20. Dezember 1913.

Samstag, 20. Dezember 1913

Nach Verabschiedung des Owen-Gesetzes im Senat wurde die Maßnahme in einer Gemeinschaftskonferenz des Repräsentenhauses und des Senats besprochen, um die großen Differenzen zwischen dem Glass-Gesetz aus dem Haus und dem Owen-Gesetz aus dem Senat auszumerzen. Diese Konferenz schloß alle republikanischen Mitglieder aus. Am Samstagabend des 20. Dezember traf man sich dann für vier Stunden, wobei mindestens 20 (manche sagen 40) wichtige Differenzen in den beiden Versionen aufgedeckt wurden, zusätzlich zu kleineren Meinungsverschiedenheiten bezüglich der Sprache, die über 100 Korrekturen erforderlich machten. In den meisten dieser kleineren Punkte gab der Senat dem Repräsentantenhaus nach. Jedenfalls *wurde keiner der 20 (40) großen Streitpunkte auf dieser Konferenz am Samstagabend diskutiert, und man kam allgemein überein, daß eine Verabschiedung des gemeinsamen Gesetzes am Montag extrem unwahrscheinlich war.* Wie die *New York Times* (21. Dezember 1913) berichtete, "verkörpern die Punkte, die ernsthaft zur Debatte standen, praktisch alle substantiellen Zusätze des Senats".

In einer Bemühung, einige der großen Streitpunkte auszudiskutieren, stimmten die Konferenzteilnehmer überein, sich alle am Sonntag zu treffen. Ferner kam an diesem Samstag das gesamte Repräsentantenhaus zusammen und weigerte sich, die Senatsversion des Gesetzes zu akzeptieren - mit einer Abstimmungsergebnis von 294 zu 59 - dann fuhr man fort, Zusätze zu verabschieden, die für die Konferenzteilnehmer des Hauses bindend waren.

Am Samstagabend, den 20. Dezember 1913, waren die folgenden einige der wesentlichen, großen Streitpunkte zwischen dem Haus und dem Senat und spiegelten signifikante, fundamentale Differenzen in der Herangehensweise an ein Währungsgesetz:

> Erstens - Die Anzahl der regionalen Reservebanken
> Zweitens - Die Frage nach Garantien für Einlagen
> Drittens - Die Menge an erforderlicher Goldreserve als Gegengewicht zu den umlaufenden Banknoten
> Viertens - Die Änderungen hinsichtlich inländischer Akzeptanz im Falle in- oder ausländischen Handels
> Fünftens - Die Änderungen in den Reserve-Vorschriften
> Sechstens: Das Recht der Mitgliederbanken, die Noten der Federal Reserve-Banken zu Reservezwecken zu nutzen
> Siebtens - Der Status der zwei Prozent an Staatspapieren, die als Sicherheiten für nationale Banknoten genutzt werden
> Achtens - Die Vorschriften des Senats hinsichtlich einer Vermehrung umlaufender Nationalbanknoten

Das war die legislative Position am späten Samstagabend.

Sonntag, 21. Dezember 1913

Was wirklich an diesem Sonntag in Washington, D.C. geschah, werden wir nie sicher wissen.

Was wir aber wissen: Am Sonntagmorgen sah sich die Konferenz aus Senat und Haus mehr als 20 (manche sagen 40) fundamentalen Differenzen bezüglich eines wichtigen Gesetzes gegenüber - ein Gesetz, das das Leben eines jeden Amerikaners damals und in der Zukunft tangieren würde. Doch am folgenden Montagmorgen berichtete die *New York Times* (22. Dezember) auf der Titelseite: "Geldgesetzesvorlage könnte heute Gesetz werden". Die *Times* berichtete, daß die Konferenz aus Haus und Senat auf irgendeinem nicht bekannt gemachten Weg ihre Differenzen beigelegt hätten. Das "Leitmedium" drückte es so aus:

> *In beinahe beispiellosem Tempo schloß die Konferenz zur Beilegung von Differenzen bezüglich des Währungsgesetzes ihre Arbeit an diesem frühen Morgen ab (Montag der 22.). Am Samstag taten die Konferenzteilnehmer nicht viel mehr, als sich der Präliminarien zu entledigen, um vierzig essentielle Unterschiede am Sonntag in den Müll werfen zu lassen.*

Das "beinahe beispiellose" Tempo auf dieser Konferenz fand wahrscheinlich zu einer unmöglichen Zeit statt - zwischen 1:30 Uhr und 4:00 Uhr morgens am Montag, den 22. Dezember. Lassen Sie uns einen genaueren Blick auf diesen kritischen Montag werfen.

Montag, 22. Dezember 1913

Sonntagmitternacht, den 21. Dezember, bedurften (abhängig von der Quelle) entweder 20 oder 40 große Streitpunkte einer Auflösung. 23 Stunden später, am Montag um 11 Uhr abends, stimmte das Haus mit 298 zu 60 Stimmen ab und verabschiedete den Federal Reserve Act. Während dieser kurzen 23 Stunden wurden die großen Differenzen geglättet, in Textform gebracht, an die Druckerei geschickt, schriftgesetzt, gegengelesen, gedruckt, verteilt, von jedem Mitglied des Hauses gelesen, diskutiert, begrübelt, abgewogen, besprochen, debattiert - und es wurde darüber abgestimmt. Dieses Wunder an Geschwindigkeit, das sich nie zuvor im US-Kongreß ereignete oder danach zutrug, ist auf ominöse Weise mit der Hudel-Gesetgebung von Bananenrepubliken vergleichbar.

Montag, 22. Dezember 1913	1:30 - 4:30 Uhr morgens	Konferenzteilnehmer des Hauses und Senats korrigieren 20 (40) große Differenzen in den beiden Gesetzesvorlagen
	4:30 Uhr morgens	Der Bericht wird an die Druckerei gegeben
12 1/1 Stunden von der Konferenz bis zum gedruckten Bericht		
	7:00 Uhr morgens	Druckfahnen gelesen
	13:00 Uhr mittags	Gedruckte Kopien kommen aus der Druckerei
	14:00 Uhr mittags	Der gedruckte Bericht liegt auf den Tischen des Senats mit dem Hinweis auf ein Treffen um 16:00 Uhr
	16:00 Uhr	Republikanische Mitglieder der Konferenz gehen in den Konferenzraum - um gesagt zu bekommen, daß ein Gesetzesentwurf bereits abgeschlossen sei
Fünf Stunden vom gedruckten finalen Bericht bis zur Abstimmung im Repräsentantenhaus	16:00 Uhr	Der gedruckte Konferenzbericht wird dem Haus vom Kongreßabgeordneten Glass übergeben - die meisten Mitglieder des Hauses gehen zum Abendessen ins Restaurant, während die Vorlage gelesen wird (1 1/2 Stunden).
	19:30 Uhr	Die Debatte beginnt mit einer 20minütigen Rede von Glass

| 23:00 Uhr | Das Haus stimmt mit 298 zu 60 zugunsten des Federal Reserve Acts ab. |

Die Art und Weise, in der der Federal Reserve-Gesetzesentwurf von der demokratischen Mehrheit und vor allem von Banker-Politikern wie Senator Owen und Banker-Politiker Glass gehandhabt wurde, spiegelt sich in einer Beschwere im Senat, vorgetragen durch Senator Bristow aus Kansas, dem Fraktionsvorsitzenden der Republikaner, in der er erklärt, warum der den Bericht der Konferenz nicht unterzeichnen würde:

> *Mr. LA FOLLETTE: Hätte der Senator etwas dagegen, uns darüber zu informieren, wer an dieser Konferenz teilnahm und ob irgendein Senator die Teilnahme ablehnte?*

> *Mr. BRISTOW: Was diejenigen betrifft, die an der Konferenz teilnahmen, so weiß ich nichts darüber. Ich war Mitglied der Komitees der Konferenz, ernannt vom Präsidenten des Senats, aber ich wußte nichts über die Treffen der Konferenz, bis der Bericht, so wie er nun vor uns liegt, fertiggestellt und gedruckt war und auf den Tischen der Senatoren lag. Dann wurde ich vom Vorsitzenden des Komitees benachrichtigt, daß es Treffen des Konferenzkomitees um 16:00 Uhr gäbe, zwei Stunden, nachdem dieser Bericht des Konferenzkomitess beider Häuser des Kongresses bezüglich der Gesetzesvorlage (H.R. 7837) zur Etablierung der Federal Reserve-Banken, zur Einrichtung einer elastischen Währung, Bereitstellung von Mitteln rediskontierenden Handelspapiers, zur Etablierung einer effektiveren Aufsicht über das Bankwesen der Vereinigten Staaten sowie zu anderen Zwecken, auf meinen Tisch gelegt wurde. Ich suchte zusammen mit dem Senator aus Minnesota (Mr. Nelson) den Raum auf, in dem zu erscheinen wir eingeladen wurden. Wir fanden den Vorsitzenden des Komitees und die demokratischen Mitglieder des Konferenzkomitees vor, und man gab uns zu verstehen, daß sie den Konferenzbericht perfektioniert hatten. Dann wurden wir eingeladen, unsere Meinung dazu kundzutun, aber ich zog es vor, meine Meinung dort auszudrücken, wo sie im Protokoll erscheint, statt in der Privatheit des Komiteeraums, und daß ich dies an diesem Morgen tun wolle.*

> *Ich sehe, daß dieser Bericht von den demokratischen Mitgliedern des Komitees unterschrieben wurde. Natürlich unterzeichnete ich nicht, weil ich dazu nicht eingeladen wurde, und das hätte ich ohnehin nicht tun sollen, weil ich zu dieser Zeit nicht wußte, daß der Inhalt des Berichtes vorbereitet*

war, und ich hatte keine Gelegenheit, in Erfahrung zu bringen, was er enthielt.[62]

Kurz, der Anführer der Republikaner wußte nicht, was in der Gesetzesvorlage stand, und man gab ihm auch keine Gelegenheit, dies herauszufinden. Später in der Debatte beschuldigte Bristow Owen direkt, Vorkehrungen eingefügt zu haben, die seiner eigenen Bank zugute kommen.

Es fanden schwerwiegende Mißbräuche des legislativen Prozesses während der Verabschiedung des Federal Reserve Act statt - genug, um ihn null und nichtig zu machen. Sollten wir eine Gesellschaft haben, die nach den Regeln lebt, dann gibt es keinen Federal Reserve Act.

Bei beiden Vorsitzenden des Finanzkomitees, den Kongreßabgeordnete Glass und Senator Owen, lag ein Interessenskonflikt mit persönlichen Bankeninteressen vor, der vom Gesetz profitierten würde. Treffen, bei denen über das Gesetz diskutiert wurde, wurden ohne Wissen der Mitglieder des Komitees abgehalten. Entscheidungen wurden getroffen und umgesetzt ohne Wissen und Zustimmung von Mitgliedern. Große Teile des Gesetzes wurden ohne Konsultation festgelegt und in finale Form gehuscht. Es gibt unleugbare Beweise für einen Bankeneinfluß von außen auf den Kongress.

Der Federal Reserve Act ist, selbst nach unserer oberflächlichen Untersuchung, *verdächtige Gesetzgebung.* Der Großteil des Kongresses hatte keine Ahnung vom Inhalt der finalen Vorlage und sicher hatte niemand die Gelegenheit, sich mit der breiten Basis der Wählerschaft darüber zu beraten und diese zu konsultieren. Ein privates Geldmonopol wurde ein paar Nationalbankern unter verdächtigen Umständen gewährt.

Wie der Kongreßabgeordnete Lindbergh am 23. Dezember 1913 sagte:

> *Dieses Gesetz etabliert das gigantischste Kartell auf Erden. Wenn der Präsident es unterzeichnet, wird die unsichtbare Regierung der monetären Macht legalisiert. Die Leute werden es nicht sofort bemerken, aber der Tag der Abrechnung ist nur ein paar Jahre entfernt ...*

---

[62] *Congressional Record:* Senat, 23. Dezember 1913, S. 1468.

ZWEITE STUFE: WOODROW WILSON SCHULDET DEM GELDKARTELL ETWAS

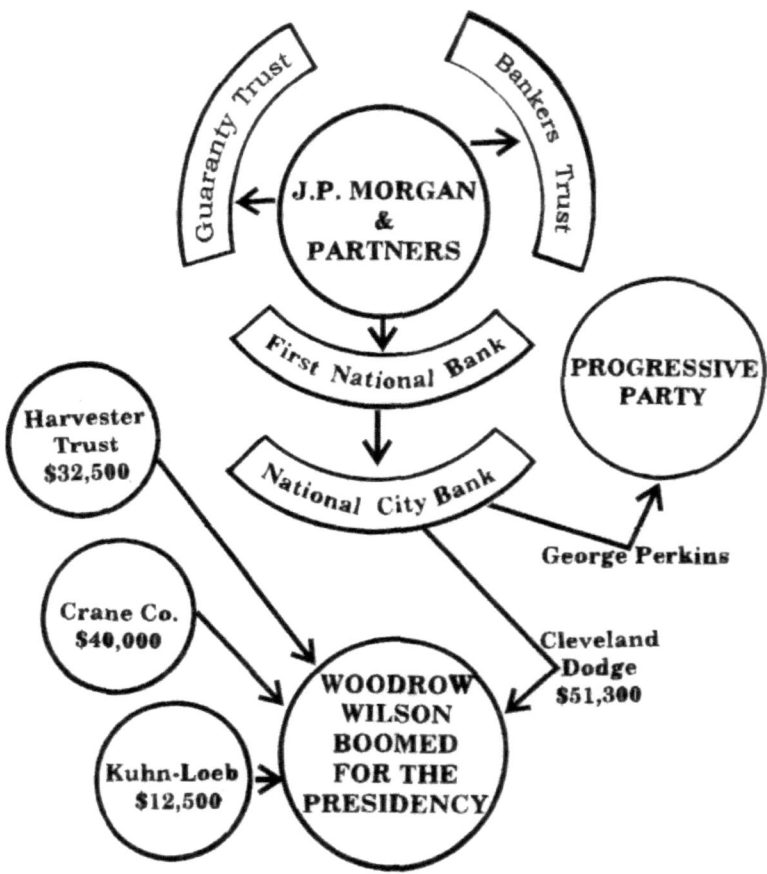

**Paul Volcker, Angestellter der Chase Manhattan Bank und
Vorsitzender des Federal Reserve-Systems in den 1970er
Jahren.**

Kapitel 10:

DIE FEDERAL RESERVE HEUTE

Heute, in den 1990er Jahren, führt die Federal Reserve still und leise - und geschützt vor jeder öffentlichen Untersuchung und ohne Bücher vorlegen zu müssen - ihr nie in Frage gestelltes Monopol über die Geldversorgung fort.

Ihre doppelte Funktion ist: (a) den Fluß von Kredit und Geld für bestimmte ökonomische Zwecke zu regulieren und (b) Geschäftsbanken zu beaufsichtigen, d.h. überwiegend sich selbst.

Die zentrale, Politik gestaltende Körperschaft des FRS ist das "Board of Governors" [Gouverneursrat, Anm. d. Übersetzers], das vom Präsidenten ernannt und vom Senat bestätigt wird. Jede der zwölf regionalen Banken hat ihre eigenen Direktoren. Diese unterteilen sich in drei Klassen. Direktoren der Klasse A repräsentieren das Bankensystem, Klasse B-Direktoren die Industrie und Klasse C angeblich die Öffentlichkeit.

In Wahrheit haben Direktoren der Klasse C *nie* die Öffentlichkeit vertreten. Es ist alles andere als ungewöhnlich für einen Banker, eine Amtszeit als Klasse A-Direktor zu verbringen und später eine weitere Amtszeit als Klasse C-Direktor zu dienen.

Das Federal Reserve-System ist ein privates System, das Banken gehört. Die Fed-Kontrolle über das Geld ist ein privates, vom Kongress gewährtes Monopol.

Es ist so mächtig, daß kein Kongreßabgeordneter es wagt, einfache Fragen zu stellen.

Natürlich gibt es einen guten Grund, warum die Fed nicht möchte, daß Kritiker herumstochern und Fragen stellen. Es ist eine buchstäbliche Geldmaschine - und das wird von der US-Regierung auch offen zugegeben. Hier ein offizielles Statement:

> *Woher bekommt die Federal Reserve das Geld, mit dem sie Bankreserven erzeugt?*
>
> *Sie "bekommt" das Geld nicht, sie erschafft es. Wenn die Federal Reserve einen Scheck ausstellt, erschafft sie Geld. Das kann zu einer Steigerung der Bankreserven führen - als Sichteinlage oder in Form von Bargeld. Sollte der Kunde Bargeld bevorzugen, kann er Federal Reserve-Noten verlangen, dann wird die Federal Reserve das Schatzamt anweisen, sie zu drucken. Die Federal Reserve ist eine Maschine zum Geldmachen. Sie kann Geld oder Schecks ausgeben. Und sie hat niemals ein Problem damit, ihre Schecks zu bedienen, weil sie 5- oder 10-Dollar-Noten, die zur Deckung ihrer Schecks*

notwendig sind, ganz einfach dadurch erhalten kann, das Schatzamt anzuweisen, sie zu drucken. (Quelle: "Money Facts", veröffentlicht vom "Committee on Banking and Currency"", 1964, US-Kongreß).

Damals, im Jahre 1913, als der Federal Reserve-Act verabschiedet wurde, wurde die Idee eines Federal Reserve-Systems - faktisch eine Zentralbank - dem amerikanischen Volk von Bankern und Präsident Woodrow Wilson als Institution *außerhalb der Kontrolle und des Einflusses von Bankern* vorgestellt - auf der Grundlage, Geldpolitik sei zu wichtig, um sie in den Händen privater Interessen zu lassen. Jedenfalls ist es eine Tatsache, daß die Institution komplett von New Yorker Bankern dominiert ist und auch schon immer wurde.

Die Fed log!

Das allererste Treffen der Federal Reserve Bank von New York am 5. Oktober 1914 wurde in den Büroräumen der Bank of Manhattan, 40 Wall Street, New York, abgehalten. Die Bank of Manhatten fusionierte später mit Chase National zur Chase Manhattan Bank.

Um aus Platzgründen die dazwischenliegende Geschichte zu überspringen, finden wir außerdem heraus, daß Mitte 1970 der führende Klasse A-Direktor der New Yorker Fed niemand geringerer war als der Vorsitzende der Trilateralen Kommission - David Rockefeller. Davids Amtszeit lief 1976 aus, er wurde durch den Vorsitzenden des Morgan Guaranty Trust ersetzt. Auf jeden Fall wurde Davids Einfluß auf zwei Arten perpetuiert: durch die Ernennung des Trilaterliasten Paul Volcker zum Präsidenten der Federal Reserve Bank von New York, eine dauerhafte Position, die nicht der Notwendigkeit einer regelmäßig stattfindenden Wiederwahl unterworfen ist, sowie durch die Ernennung von G. William Miller (Mitglied des Beraterstabes der Chase) zum Vorsitzenden des Federal Reserve-Systems; er ersetzte den Trilateralisten Arthur Burns.

Darüber hinaus hatten andere (der neun) Direktoren der Federal Reserve Bank von New York Verbindungen zur Chase Manhattan Bank. Die drei Klasse B-Direktoren z.B. waren Maurice F. Granville, Vorstandsvorsitzender von Texaco; William S. Sneath, Vorstandschef der Union Carbide; und John R. Mulhearn, Präsident der New York Telephone.

Lassen Sie uns kurz einen Blick auf die Karriere von Paul Volcker werfen, ehemals Präsident der Federal Reserve Bank von New York. In 30 Jahren hat Volcker seine Zeit zu fast gleichen Teilen aufgeteilt zwischen der Federal Reserve Bank, der Chase Manhattan Bank und Subkabinetts-Positionen in Washington, D.C. - ein perfektes Beispiel für die sogenannte "Drehtür" und das Ziel der Trilateralisten, die

"Unterschiede zwischen öffentlichen und privaten Institutionen" zum Vorteil der Trilateralen verschwimmen zu lassen.

Paul Volcker wurde 1927 in New Jersey geboren. Seinen ersten Abschluß machte er in Princeton, seinen Magister Artium in Harvard und seinen Doktor an der London School of Economics - dieser wohlbekannten Heimat des englischen Sozialismus. 1952 kam Volcker direkt von der London School of Economics zur Federal Reserve Bank von New York - als Wirtschaftswissenschaftler. Er blieb dort für fünf Jahre bis 1957, woraufhin er die Liberty Street verließ, um Ökonom bei der Chase Manhattan Bank zu werden, bei der er für vier Jahre bis 1961 blieb. 1961 ging Volcker ins Finanzministerium in Washington und vollendete damit die erste Runde seiner "Drehtür" mit drei Haltestellen. Ernannt zum "Deputy Undersecretary for Money Affairs" [Stellvertretender Untersekretär für Geldangelegenheiten", Anm. d. Übersetzers] blieb er gerade lange genug in diesem Job, um die Grundlagen Washingtons zu erlernen und kehrte dann als Vizepräsident in Sachen Planung zur Chase Manhattan Bank in New York zurück. Nach drei Jahren auf diesem Posten ging Volcker 1969, um Untersekretär für Geldangelegenheiten im US-Finanzministerium zu werden. Nach fünf Jahren schloß Volcker die zweite Runde seiner "Drehtür" mit der Ernennung zum Präsidenten der Federal Reserve Bank von New York ab.

Volcker ist außerdem ein Mitglied des Council on Foreign Relations, der Rockefeller Foundation und der American Friends of the London School of Economics.

Wäre Paul Volcker ein Einzelphänomen, hätten wir keine Beweise für eine trilateralistische Kontrolle des Federal Reserve-Systems vorzubringen. Tatsächlich aber ist das "Volcker-Phänomen" eine von dutzenden gleichartiger Situationen.

Die Drehtür-Karriere des Trilateralisten Paul Volcker

1952-57: Ökonom, Federal Reserve Bank von New York
1957-61: Ökonom, Chase Manhattan Bank
1962-63: US-Schatzamt [Finanzministerium, Anm. d. Übersetzers]
1963-65: Stellvertr. Untersekretär für Geldangelegenheiten, US-Schatzamt
1965-68: Vizepräsident für Planung, Chase Manhattan
1969-74: Untersekretär für Geldangelegenheiten, US-Schatzamt
1975: Präsident, Federal Reserve Bank von New York

Das Federal Reserve Board wird vom Präsidenten ernannt.

Das ursprüngliche Federal Reserve Board repräsentierte genau diejenigen Interessen, von denen Woodrow Wilson der amerikanischen Öffentlichkeit versicherte, sie wären im Federal Reserve-System *nicht* vertreten. Der Vorsitzende des Boards war William G. M'Adoo, eine bekannte Figur an der Wall Street, ehemaliger Finanzminister - und

Woodrow Wilsons Schwiegersohn. Eine Schlüssel-Ernennung war Paul M. Warburg, das deutsche Bankergehirn hinter dem Federal Reserve-System. Die Warburg-Familie kontrollierte die Manhattan Bank. Außerdem im Board war Charles S. Hamlin vom Carnegie Endowment for International Peace. Ein anderes Mitglied des ursprünglichen Direktoriums war der Banker W.P.G. Harding. Franklin D. Roosevelts Onkel, Frederic A. Delano, war Vizegouverneur des Boards - überaus passend, denn die "liberalen" Roosevelts stammten aus einer alten New Yorker Bankiersfamilie. John Skelton Williams, Präsident der Richmond Trust Company, war ein weiteres Mitglied. Somit spiegelte die Besetzung des ursprünglichen Gouverneursrates die Elite sowie Bankeninteressen, und von da an hat das Federal Reserve-System diese auch immer repräsentiert.

Der Trilateralist Arthur M. Burns war von 1970 bis 1978 Vorsitzender des Boards, eine dominante Stimme, die Federal Reserve-Politik mehr oder weniger diktierte. Dem Trilateralen und Board-Mitglied Andrew Brimmer zufolge, "*hatte Arthur Burns seine Hand direkt im Auswahlprozess jedes Mitglieds.*"

Die trilateralistische Dominanz des inländischen Geldsystems legt nahe, daß wir die Ziele der trilateralen Weltordnung auf mögliche Verbindungen untersuchen.

Trilateralen politischen Entscheidern und Analysten ist völlig bewußt, daß das Geldsystem der Welt, mit künstlich geschaffenem Geld als Reserve, sich in einem Zustand des Kollapses befindet. Die *Triangle Papers* behandelten die weltweiten Geldsysteme (*Towards a Renovated World Monetary System*, "Für ein renoviertes Welt-Geldsystem", Anm. d. Übersetzers] und wurden von Richard N. Cooper geschrieben (später Undersecretary of State for Economic Affairs). Motoo Kaji, Professor für Ökonomie an der Universität Tokio (Autor eines japanischen Buches mit dem Titel *Gendai No Kokusai Kinyu - Zeitgenössische internationale Geldangelegenheiten*) und Claudio Segre, ein Banker mit *Compagnie Europeenne de Placements* (Europäische Gesellschaft für Geldanlagen).

Das Triangle Paper Nr. 1 identifizierte zwei Weltprobleme: (a) wie Vollbeschäftigung ohne "rapide" Inflation erreicht werden kann und (b) wie "gemanagde" Nationalökonomien kombiniert werden können zu einer "auf gegenseitigem Vorteil beruhenden Weltwirtschaft".

Es ist wichtig, trilateralistische Thesen im Hinterkopf zu behalten. Trilateralisten suchen nicht nach einer Lösung für globale Geldprobleme: Trilateralisten suchen für eine "Lösung", die mit ihren eigenen Zielen übereinstimmt und diese fördert. Diese Ziele sind: (a) eine gemanagde Wirtschaft, d.h., gemanaged von Trilateralisten; und (b) eine "Neue Weltordnung" aus diesen gemanagden Ökonomien.

Abermals entdecken wir die Manipulation eines Problems, um trilaterale Ziele zu erreichen. Auf beinahe täglicher Basis finden wir Widerspiegelungen des Ringens, das US-Geldsystem im Griff zu behalten, um ein weltweites Federal Reserve-System zu erreichen.

Die Fed monetarisiert Auslandsschulden

In den frühen 1980er Jahren log die Fed - durch Paul Volcker - den Kongreß in eine weitere ungeheuere Kreditexpansion durch Monetarisierung *ausländischer* Schuldtitel.

Der sogenannte "Depository Institutions Deregulation and Monetary Control Act" von 1980 ist eine totale Fehlbenennung. Praktisch bringt er alle Banken unter Fed-Kontrolle, ob diese das wollen oder nicht, und gibt der Fed die Macht, die umlaufende Fiatgeld-Menge durch Monetarisierung von Auslandsschulden enorm aufzublähen, die meisten davon wertlos.

Einmal mehr tat die Fed alles in ihrer Macht stehende, um öffentliche Aufmerksamkeit zu vermeiden. Nur ein Kongreßabgeordneter, Dr. Ron Paul, entdeckte die Kausel zur Monetarisierung von Auslandsschulden. Um jede Publicity zu vermeiden, stimmte der Vorsitzende des Banking Committee Pauls Anfrage nach Entfernung der Klausel schnell zu: "Sie wollen sie weghaben? Wir nehmen sie raus."

Dann bekommen wir es mit einer Wiederholung des verfassungswidrigen Verhaltens zu tun, das den FRS-Act von 1913 umgab. Das Haus stimmte gegen die Version des Gesetzes *ohne* die Klausel - aber im Konferenzkomitee wurde sie still und leise wieder eingefügt *und wurde Teil der Gesetzesvorlage, die schlußendlich von beiden Häusern genehmigt wurde.* Wir bezweifeln, daß irgendein Kongreßabgeordneter wußte, was in dem schließlich verabschiedeten Gesetz wirklich stand - so sieht der Einfluß der Fed heutzutage aus.

Still, ohne Fanfare - und ohne daß die Masse der Bürger etwas ahnte - haben die Weltbankiers eine internationale Geldmaschine aufgebaut: ein internationales Federal Reserve-System mit der Macht, das globale Finanz- und Wirtschaftssystem zu kontrollieren.

Die Bestandteile dieser globalen Geldmaschine können bis zur "League of Nations" [Völkerbund, Anm. d. Übersetzers] und der Bank für internationalen Zahlungsausgleich in den 1920ern zurückverfolgt werden. Nach dem Zweiten Weltkrieg wurden der Internationale Währungsfonds und die Weltbank eingerichtet, um Kredite zu globalisieren.

Dann, in den späten 1950ern, kam der Eurodollar-Markt, heute ein ausgedehnter internationaler Markt, der mit Einlagen und Krediten handelt, die außerhalb der Vereinigten Staaten auf Dollars laufen. Das Eurodollar-System könnte im Lauf der Geschichte als erster Schritt hin zu einem globalen Dollarsystem angesehen werden. Eurodollars werden von Banken gehandelt, die nicht in den USA ansässig sind sowie von Institutionen, die nicht US-Bankenregulierungen und Restriktionen unterliegen.

Paul A. Volcker, ehemaliger Vorsitzender der Fed, machte die Rolle von Ernennungen seitens des Federal Reserve-Direktorengremiums klar - die darin bestünde, die Politik des Vorsitzenden zu unterstützen.

Mit Blick auf die Ernennung Alan Blinders durch Bill Clinton kommentierte Volcker:

> *Ich glaube, ein stellvertretender Vorsitzender steht in der Verantwortung, die Politik* [der Fed, Anm. d. Übersetzers] *in öffentlichen Äußerungen zu unterstützen. Sollte er am Ende des Tages echte Meinungsverschiedenheiten hegen, sollte er das nicht kaschieren, sondern die Institution so gut wie möglich unterstützen.*

Kurz, es sollte die Politik vorherrschen, die von New Yorker Bankern verfolgt wird, wie auch immer die persönlichen Ansichten des stellvertretenden Direktors des Boards oder irgendeines darunter stehenden Direktors aussehen mögen. *Womit man einem geschlossenen Monopol so nahe kommt wie nur möglich.*

Als Antwort auf die Kritik, er hätte zu sehr die Stimme erhoben, ließ Alan Blinder einen vielsagenden Kommentar fallen: *"Wenn wir etwas unternehmen, ist das von keinem anderen Teil der Regierung rückgängig zu machen ...".* New York Times, 26. September 1994.

Hier haben wir es also. Die Federal Reserve ist ein privates Monopol aus Schuldgeld, das vom Kongreß unter höchst fragwürdigen Umständen erschaffen wurde, die dem Vorsitzenden gehorcht und dessen Entscheidungen weder von der Regierung noch sonst irgendjemandem geändert werden können.

Eine freie Gesellschaft unter der Herrschaft des Gesetzes? Die Vereinigten Staaten wurden still und leise zur Geisel einer Handvoll internationaler Banker. Und wehe, irgendein Kongreßabgeordneter fordert die Autorität der Fed heraus!

Die Behauptung der Federal Reserve Bank von San Francisco: "Manche Leuten denken, wir wären ein Zweig der Regierung. Sind wir nicht. Wir sind die Bank der Banker."

Index